La Voix de
la Connaissance

Chez le même éditeur :

Expériences Chamaniques, Kenneth Meadows

La Voie Médecine, Kenneth Meadows

L'esprit du Grand Ancêtre, Wa-Na-Nee-Che

Médecine de la Terre, Kenneth Meadows

Rédaction : Janet Mills

Typographie : Rick Gordon

Couverture : Nicholas Wilton, Studio Zocolo

Titre original :

The voice of Knowledge. A Toltec Wisdom Book

www.tredaniel-courrier.com

tredaniel-courrier@wanadoo.fr

ISBN : 2-84445-560-3

DON MIGUEL RUIZ
et Janet Mills

Un Livre de Sagesse Toltèque

LA VOIX DE LA CONNAISSANCE

UN GUIDE PRATIQUE VERS LA PAIX INTÉRIEURE

Traduit de l'anglais par Bernard Dubant

GUY TRÉDANIEL ÉDITEUR
19, rue Saint-Séverin
75005 Paris

Je dédie ce livre aux anges
qui m'ont aidé à répandre
le message de vérité
à travers le monde.

Sommaire

Remerciements

Je tiens à exprimer ma gratitude à Janet Mills, la mère de ce livre. J'aimerais remercier aussi Gabrielle Rivera, Gail Mills et Nancy Carleton, qui ont prodigué généreusement et aimablement leur temps et leurs talents, pour que ce livre soit réalisé.

Les Toltèques

Il y a des milliers d'années, les Toltèques étaient appelés, dans tout le Sud du Mexique, " hommes et femmes de connaissance ". Les anthropologues ont parlé des Toltèques, comme nation et comme race, mais, en fait les Toltèques étaient des " scientifiques " et des artistes, qui formèrent une société pour explorer et conserver la connaissance et les pratiques spirituelles des anciens. Ils se réunissaient, maîtres (*naguals*) et disciples, à Teotihuacan, la vieille cité aux pyramides au Nord de Mexico, l'endroit où " l'Homme devient Dieu ".

Au fil des millénaires, les *naguals* furent forcés de cacher la sagesse ancestrale et de maintenir son existence dans l'obscurité. La conquête européenne, et le mauvais usage chronique du pouvoir personnel par certains apprentis, contraignirent à mettre la connaissance à l'abri de ceux qui n'étaient pas prêts à en faire un sage usage, ou qui en auraient abusé à des fins personnelles.

Heureusement, la connaissance toltèque ésotérique avait été transmise dans diverses lignées de *naguals*. Elle resta secrète des siècles durant, mais les anciennes prophéties ont prédit la venue d'une ère où il serait nécessaire de rendre la sagesse aux gens. Maintenant, don Miguel Ruiz, un *nagual* de la lignée du Chevalier Aigle, a été mandaté pour partager avec nous les puissants enseignements des Toltèques.

La connaissance toltèque provient de la même unité essentielle de vérité que toutes les traditions ésotériques sacrées du monde. Ce n'est pas une religion, mais elle honore tous les maîtres spirituels qui ont enseigné sur terre. Elle a trait à l'esprit, mais elle répond à la définition d'un chemin de vie, défini par l'accessibilité immédiate du bonheur et de l'amour.

Ce qui est vrai est réel.
Ce qui n'est pas vrai n'est pas réel.
C'est une illusion, mais cela semble réel.
L'amour est réel.
C'est l'expression suprême de la vie.

I

ADAM ET ÈVE

L'histoire d'un point de vue différent

L'HISTOIRE D'ADAM ET ÈVE EST UNE BELLE LÉGENDE DONT presque tout le monde a entendu parler. C'est l'une de mes histoires préférées, parce qu'elle explique symboliquement ce que je vais essayer d'expliquer. L'histoire d'Adam et Ève est fondée sur une vérité absolue, mais je ne l'avais pas comprise quand j'étais enfant. C'est l'un des plus grands enseignements qui ont jamais été dispensés, mais je crois que la plupart des gens ne le comprennent pas vraiment. Je vais vous raconter cette histoire selon un point de vue différent, peut-être du même point de vue que celui qui l'a créée.

C'est votre histoire et la mienne. Il s'agit de nous. Elle concerne toute l'humanité parce que, comme vous le savez, l'humanité n'est qu'un seul être vivant : homme, femme – nous sommes seulement un. Dans cette histoire, nous nous appelons Adam et Ève, et nous sommes les humains originels.

L'histoire commence quand nous sommes dans un état d'innocence, avant de fermer nos yeux spirituels, c'est-à-dire il y a des milliers d'années. Nous vivions au Paradis, au Jardin d'Èden, qui était un jardin sur terre. Le paradis existe quand nos yeux spirituels sont ouverts. C'est un endroit de paix et de joie, de liberté et d'amour éternel.

Pour nous – Adam et Ève – tout n'était qu'amour. Nous nous aimions et nous respections mutuellement, et nous vivions en harmonie parfaite avec toute la création. Notre relation avec Dieu, notre Créateur, était une parfaite communion d'amour, ce qui signifie que nous communiions avec Dieu tout le temps, et que Dieu communiait avec nous. Il était inconcevable d'avoir peur de Dieu, celui qui nous avait créés. Notre Créateur était un Dieu d'amour et de justice, et nous mettions notre foi et notre confiance en Dieu. Dieu nous donnait une liberté complète, et nous utilisions notre libre volonté pour aimer toute la création, et en jouir. La vie était belle au Paradis. Les humains originels voyaient toute chose avec les yeux de la vérité, comme elles sont, et nous l'aimions. C'est ainsi que nous étions, et il n'y avait pas d'effort à faire.

Eh bien ! La légende dit que, au milieu du Paradis, se dressaient deux arbres. L'un était l'Arbre de Vie, qui donnait vie à toute chose dans l'existence, et l'autre était l'Arbre de Mort, plus connu sous le nom d'Arbre de la Connaissance. L'Arbre de la Connaissance était un bel arbre avec des fruits juteux. Très tentants. Et Dieu nous dit : “ Ne vous approchez pas de l'Arbre de la Connaissance. Si vous mangez le fruit de cet arbre, vous risquez de mourir. ”

Naturellement, pas de problème. Mais par nature, nous aimons explorer, et nous sommes allés bien sûr rendre visite à l'arbre. Si vous vous rappelez l'histoire, vous pouvez déjà deviner l'identité de l'hôte de cet arbre. L'Arbre de la Connaissance était la demeure d'un gros serpent très venimeux. Le serpent est un autre symbole de ce que les Toltèques appellent le *Parasite*, et vous pouvez imaginer pourquoi.

L'histoire dit que le serpent qui vivait dans l'Arbre de la Connaissance était un ange déchu, qui avait été le plus beau. Comme vous le savez, un ange est un messager de Dieu – qui délivre un message de vérité et d'amour. Mais pour on ne sait quelle raison, cet ange déchu n'annonça plus la vérité, ce qui signifie qu'il délivra un message de fausseté. Le message de l'ange déchu était la peur, au lieu de l'amour ; c'était un mensonge, au lieu d'une vérité. En fait, l'histoire appelle l'ange déchu Prince du Mensonge, ce qui signifie qu'il était un menteur éternel. Toute parole sortant de sa bouche était un mensonge.

Selon l'histoire, le Prince des Mensonges vivait dans l'Arbre de la Connaissance, et le fruit de cet arbre, qui était *connaissance*, fut contaminé par les mensonges. Nous nous sommes rendus à cet arbre, et nous avons eu la conversation la plus incroyable avec le Prince du Mensonge. Nous étions innocents. Nous ne savions pas. Nous croyions tout le monde. Et il y eut le Prince du Mensonge, le premier conteur, un type très malin. Maintenant, l'histoire devient un peu plus intéressante, parce que ce serpent avait forgé toute une histoire.

Cet ange déchu parla et parla et parla, et nous écoutâmes, écoutâmes, écoutâmes. Comme vous le savez, les enfants adorent écouter les histoires que leur content leurs grands-parents. Nous apprenons, et c'est très séduisant ; nous voulons en savoir plus. Mais là, c'était le Prince du Mensonge qui parlait. Aucun doute à ce sujet – il mentait, et nous fûmes séduits par ses mensonges. Nous *avons cru* l'histoire de l'ange déchu, et cela été une terrible erreur. C'est ce que signifie manger le fruit de l'Arbre de la Connaissance. Nous avons accepté son histoire, nous avons cru que ses paroles étaient véridiques. Nous *avons cru* les mensonges ; nous leur avons accordé *foi.*

Quand nous avons mordu dans la pomme, nous avons mangé les mensonges qui venaient avec la connaissance. Qu'arrive-t-il quand nous mangeons un mensonge ? Nous le croyons, et boum ! Le mental est un sol très fertile pour les concepts, les idées et les opinions. Si quelqu'un nous dit un mensonge et que nous le croyions, ce mensonge prend racine dans notre mental. Là, il peut devenir grand et fort, juste comme un arbre. Un petit mensonge peut être très contagieux, répandant ses graines de personne à personne, quand nous le partageons avec d'autres gens. Bon, les mensonges sont entrés dans notre mental, et ils ont reproduit tout un Arbre de la Connaissance à l'intérieur de notre tête, qui est tout ce que nous connaissons. Mais qu'est-ce que nous connaissons ? Rien que des mensonges.

L'Arbre de la Connaissance est un symbole puissant. La légende dit que quiconque en mange les fruits, aura la connaissance du bien et du mal ; il connaîtra la différence entre ce qui est juste et ce qui est faux, ce qui est beau et ce qui est laid. Il rassemblera toute cette connaissance, et commencera à juger. Bien, c'est ce qui est arrivé dans notre tête. Et le symbolisme de la pomme est que chaque concept, chaque mensonge, est comme un fruit pourvu d'un noyau. Quand nous la mettons dans un sol fertile, la graine crée un autre arbre. Cet arbre produit d'autres fruits, et par les fruits, nous connaissons l'arbre.

Maintenant, chacun d'entre nous a son propre Arbre de la Connaissance, qui est notre système de croyance personnel. L'Arbre de la Connaissance est la structure de tout ce à quoi l'on croit. Chaque concept, chaque opinion, forme une petite branche de cet arbre, jusqu'à ce que nous aboutissions à l'Arbre de la Connaissance tout entier. Dès que l'Arbre est vivant dans notre mental, nous entendons un ange déchu parler très fort. Le même ange déchu, le Prince du Mensonge, vit dans notre mental. D'un point de vue toltèque, un Parasite vivait dans le fruit ; nous avons mangé le fruit, et le Parasite est venu en nous. Maintenant, le Parasite vit notre vie. Le conteur, le Parasite, est né à l'intérieur de notre tête, et il continue d'y vivre, parce que nous l'alimentons de notre foi.

L'histoire d'Adam et d'Ève explique comment l'humanité est tombée du rêve céleste dans le rêve infernal ; elle nous dit comment nous en sommes arrivés à être de la manière dont nous sommes à présent. L'histoire dit que nous avons juste mordu une fois dans la pomme, mais ce n'est pas vrai. Je pense que nous avons mangé tous les fruits de cet arbre, et que nous sommes tombés malades, d'être si pleins de mensonges et de poison émotionnel. Les humains ont mangé chaque concept, chaque opinion, et chaque histoire que le menteur nous a contés, bien que ce ne fût pas la vérité.

À ce moment-là, notre œil spirituel s'est fermé et nous n'avons plus été capables de voir le monde avec les yeux de la vérité. Nous avons commencé à percevoir le monde d'une façon complètement différente, et chaque chose a changé pour nous. Avec l'Arbre de la Connaissance dans notre tête, nous n'avons pu percevoir que la connaissance, nous avons pu percevoir seulement les mensonges. Nous n'avons plus vécu au paradis, parce que les mensonges n'y ont pas leur place. C'est ainsi que les humains ont perdu le Paradis : Nous rêvons des mensonges. Nous créons le drame complet de l'humanité, individuellement et collectivement, fondé sur des mensonges.

Avant que les humains ne mangent les fruits de l'Arbre de la Connaissance, nous vivions dans la vérité. Nous ne disions que la vérité. Nous vivions dans l'amour, sans aucune peur. Après que nous eûmes mangé le fruit, nous avons ressenti culpabilité et honte. Nous avons estimé que nous n'étions pas assez bons, et, bien sûr, nous avons jugé les autres de la même façon. Avec le jugement sont venus la polarité, la séparation, et le besoin de punir et d'être puni. Pour la première fois, nous n'avons pas été gentils les uns avec les autres ; nous n'avons plus respecté et aimé la création de Dieu. Nous avons commencé à souffrir et à nous blâmer, à faire des reproches aux autres gens, et même à Dieu. Nous n'avons plus cru que Dieu était aimant et juste ; nous avons cru que Dieu voulait nous punir et nous blesser. C'était un mensonge. Ce n'était pas vrai, mais nous le croyions, et nous nous sommes séparés de Dieu.

Il est maintenant facile de comprendre ce que l'on entend par *péché originel.* Le péché originel n'est pas l'acte sexuel. Non, c'est encore un mensonge. Le péché originel, c'est de croire les mensonges proférés par le serpent de l'arbre, l'ange déchu. Le sens du mot *péché* est 'aller contre'. Tout ce que nous disons, tout ce que nous faisons contre nous-mêmes, est un péché. Pécher n'a rien à voir avec le reproche, la condamnation morale. Pécher, c'est croire aux mensonges, et utiliser ces mensonges contre nous-mêmes. De ce premier péché, de ce mensonge originel, tous nos autres péchés sont nés.

Combien de mensonges entendons-nous dans notre tête ? Qui juge, qui parle, qui possède toutes ces opinions ? Si vous n'aimez pas, c'est parce que cette voie ne vous laisse pas aimer. Si vous ne profitez pas de votre vie, c'est parce que cette voix ne vous le permet pas.

Et ce n'est pas que cela – le menteur dans notre tête a besoin d'exprimer tous ces mensonges, de raconter son histoire. Nous partageons les fruits de notre Arbre avec les autres, et parce que les autres ont en eux le même genre de menteur, nos mensonges conjugués deviennent plus puissants. Maintenant, nous pouvons haïr plus. Maintenant, nous pouvons blesser plus. Maintenant, nous pouvons défendre nos mensonges et les suivre fanatiquement. Les humains se détruisent même au nom de ces mensonges. Qui vit notre vie ? Qui fait nos choix ? Je pense que la réponse est évidente.

Maintenant, nous savons ce qui se passe dans notre tête. Le conteur est là ; il y a cette voix dans notre tête. Cette voix parle et parle et parle, et nous écoutons, écoutons, et croyons chaque parole. Cette voix ne cesse jamais de juger. Elle juge tout ce que nous faisons, tout ce que nous ne faisons pas, tout ce que nous sentons, tout ce que nous ne sentons pas, tout ce que font les autres. Elle bavarde constamment dans notre tête, et que sort-il de cette voix ? Des mensonges, rien que des mensonges.

Ces mensonges accrochent notre attention, et tout ce que nous pouvons voir, n'est que mensonges. C'est la raison pour laquelle nous ne voyons pas la réalité du ciel qui existe en cet endroit même, en ce moment même. Le ciel nous appartient parce que nous sommes les enfants du ciel. La voix dans notre tête ne nous appartient pas. Quand nous naissons, nous n'avons pas cette voix. La voix dans notre tête vient après notre apprentissage – d'abord du langage, puis des différents points de vue, puis de tous les jugements et mensonges. Quand nous apprenons d'abord à parler, nous ne disons que la vérité. Mais petit à petit, tout l'Arbre de la

Connaissance est programmé dans notre tête, et le gros menteur finit par s'emparer du rêve de notre vie.

Vous voyez, au moment où nous nous sommes séparés de Dieu, nous avons commencé à le chercher. Pour la première fois, nous nous sommes mis à la recherche de l'amour que nous croyions ne pas posséder. Nous sommes partis à la recherche de la justice, de la beauté, de la vérité. La quête a commencé il y a des milliers d'années, et les humains sont toujours à la recherche du paradis qu'ils ont perdu. Nous recherchons la façon dont nous étions avant de croire aux mensonges : authentiques, véridiques, aimants, joyeux. La vérité est que nous cherchons notre Soi.

Vous savez, c'est vrai que Dieu nous a dit : Si vous mangez les fruits de l'Arbre de la Vérité, vous risquez de mourir. Nous l'avons mangé, et nous sommes morts. Nous sommes morts, parce que notre vie authentique n'est plus là. Celui qui vit notre vie, c'est le grand menteur, le Prince du Mensonge, cette voix dans notre tête. Vous pouvez l'appeler *pensée.* Je l'appelle *la voix de la connaissance.*

Points à Méditer

- Le mental est un terrain fertile pour les concepts, idées, et opinions. Si quelqu'un nous dit un mensonge et que nous le croyions, ce mensonge prend racine dans notre mental et peut devenir grand et fort, comme un arbre. Un petit mensonge peut être très contagieux, répandant ses graines de personne à personne, quand nous le partageons avec d'autres gens.

- La connaissance entre dans notre mental et reproduit une structure à l'intérieur de notre tête, qui est tout ce que nous connaissons. Avec toute cette connaissance dans notre tête, nous ne percevons que ce que nous *croyons*, nous ne percevons que notre propre connaissance. Et qu'est-ce que nous connaissons ? Juste des mensonges.

- Une fois que l'Arbre de la Connaissance est vivant dans notre mental, nous entendons l'ange déchu parler très fort. Cette voix juge sans cesse. Elle nous dit ce qui est juste, ce qui est faux, ce qui est beau, ce qui est laid. Le conteur est né à l'intérieur de notre tête, et vit à l'intérieur de notre tête, parce que nous le nourrissons de notre foi.

- Le ciel existe quand nos yeux spirituels sont ouverts, quand nous percevons le monde avec les yeux de la vérité. Une fois que les mensonges ont accroché notre attention, nos yeux spirituels sont fermés. Nous tombons du rêve céleste, et nous commençons à vivre le rêve de l'enfer.

- Le ciel nous appartient parce que nous sommes les enfants du ciel. La voix dans notre tête ne nous appartient pas. Quand nous naissons, nous n'avons pas cette voix. *Penser* vient après apprendre – d'abord le langage, puis différents points de vue, puis tous les jugements et les mensonges. *La voix de la connaissance* vient à mesure que nous accumulons de la connaissance.

- Avant de manger les mensonges qui viennent avec la connaissance, nous vivons dans la vérité. Nous ne disons que la vérité. Nous vivons dans l'amour sans aucune peur. Une fois que nous avons la connaissance, nous estimons que nous ne sommes pas assez bons ; nous ressentons culpabilité, honte, et besoin d'être punis. Nous commençons à rêver des mensonges, et nous nous séparons de Dieu.

- Au moment où nous nous séparons de Dieu, nous commençons à chercher Dieu, l'amour dont nous croyons être dépourvus. Les humains sont continuellement à la recherche de la justice, de la beauté, de la vérité – de la façon dont nous étions avant de croire aux mensonges. Nous sommes à la recherche de notre soi authentique.

2

UNE VISITE AVEC GRAND-PÈRE

Une vérité simple est découverte

JE ME CONSIDÈRE COMME CHANCEUX PARCE QUE J'AI ÉTÉ abreuvé, dans mon éducation, du lait d'une ancienne tradition, celle des Toltèques. Ma mère était une grande guérisseuse, et être témoin de miracles n'avait rien d'extraordinaire, parce que je ne connaissais rien d'autre. Je grandis, croyant que tout était possible, mais ce que j'apprenais au sujet des Toltèques était plein de superstition et de mythologie. Je me souviens d'avoir vu partout des superstitions, et, adolescent, je me rebellai contre tous les mensonges qui viennent de la tradition. J'appris à défier toute chose, jusqu'à ce que certaines expériences m'ouvrissent les yeux à la vérité. Puis je sus que ce que j'avais appris des anciens Toltèques n'était pas une théorie. Je savais, mais je ne pouvais pas l'expliquer avec des mots.

Dans ce livre, je veux vous parler de certaines expériences qui ont changé complètement mon point de vue. Avec chaque expérience, j'ai réalisé quelque chose qui était toujours évident, mais que je n'avais jamais vu auparavant. Peut-être ne vais-je pas vous raconter ces histoires exactement comme elles sont arrivées, mais c'est la façon dont je les ai perçues, et dont j'ai essayé de les conter à moi-même. Peut-être avez-vous eu des moments semblables, où vous avez réalisé, comme je le fis, que ce que l'on croit n'est pas la vérité. Des occasions de percevoir la vérité nous viennent toujours, et ma vie avait été remplie de ces occasions. J'en ai laissé échapper beaucoup, mais d'autres ont ouvert mes yeux spirituels et ont rendu possible la transformation dans ma vie.

L'une de ces occasions me fut donnée lors d'une visite à mon grand-père quand j'étais collégien. Mon grand-père était ce que l'on appelle un vieux *nagual*, la même chose qu'un chaman. Il avait près de quatre-vingt-dix ans, et les gens lui rendaient visite pour apprendre, pour être près de lui. Grand-père m'avait enseigné depuis que j'étais enfant, et j'avais travaillé dur pendant toute mon enfance, afin d'être assez bon pour gagner son respect.

Bon, c'était une époque où je prétendais être un intellectuel, et je voulais impressionner mon grand-père avec mes opinions au sujet de tout ce que j'apprenais à l'école. J'étais prêt à montrer à celui qui avait eu l'influence la plus importante sur ma vie, combien j'étais intelligent et habile. Je me rendis à la maison de mon grand-père, et il me reçut comme il le faisait toujours – avec un grand sourire, un amour immense. Je me mis à lui parler de mon point de vue au sujet de l'injustice dans le monde, de la pauvreté, de la violence, du conflit entre le bien et ce que j'appelais le *mal.*

Mon grand-père était très patient, et il écouta attentivement tout ce que je disais. Cela m'encouragea à parler encore plus, juste pour l'impressionner. À un certain moment, je vis se dessiner un petit sourire sur son visage. Ooh ! Je sus que quelque chose allait se produire. Je ne l'impressionnais pas du tout. Je pensai : " Oh ! Il se moque de moi. " Il remarqua ma réaction, et me regarda droit dans les yeux. " Bon, Miguel, ce sont de bonnes théories que tu as apprises, dit-il. Mais ce ne sont que des théories. Tout ce que tu m'as dit n'est qu'une histoire. Cela ne signifie pas que ce soit vrai. »

Bien sûr, je le pris plutôt mal. J'en fis une affaire personnelle, et j'essayai de défendre mon point de vue. Mais c'était trop tard, parce que mon grand-père commença à parler. Il me regarda, avec un grand sourire, et dit : « Tu sais, la plupart des gens dans le monde entier croient qu'il y a un grand conflit dans l'univers, un conflit entre le bien et le mal. Eh bien ! ce n'est pas vrai. C'est vrai qu'il y a un conflit, mais il n'existe que dans le mental humain, pas dans l'univers. Ce n'est pas vrai pour les plantes ou les animaux. Ce n'est pas vrai pour les étoiles ou les arbres, ou pour le reste de la nature. C'est seulement vrai pour les humains. Et le conflit dans le mental humain n'est pas réellement entre le bien et le mal. Le conflit réel, dans notre mental, est entre la vérité et ce qui n'est pas vrai, entre la vérité et les mensonges. Le bien et le mal sont juste la conséquence de ce conflit. Le fruit de la foi en la vérité est bonté, amour, bonheur. Quand tu vis dans la vérité, tu te sens bien, et ta vie est merveilleuse. Croire aux mensonges, et défendre ces mensonges, crée ce que tu appelles le *mal* ; cela crée le fanatisme. La croyance aux mensonges est ce qui crée l'injustice, la violence et les sévices, la souffrance, pas seulement dans la société, mais aussi dans l'individu. L'univers est aussi simple que *c'est* ou *ce n'est pas*, mais les humains compliquent tout. "

Hmm... Ce que mon grand-père m'avait dit était logique, et je le comprenais, mais je ne le croyais pas. Comment tous les conflits dans le monde, la guerre, la violence et l'injustice, pouvaient-ils être le résultat de quelque chose de si simple ? Ce devait être plus compliqué que cela.

Grand-père continua : " Miguel, tout le drame que tu subis dans ta vie personnelle, est le résultat de la croyance à des mensonges, surtout à ton sujet. Et le premier mensonge auquel tu crois est tu *n'es pas* : tu *n'es pas* ce que tu devrais être, tu *n'es pas* assez bon, tu *n'es pas* parfait. Nous naissons parfaits, nous grandissons parfaits, et nous mourrons parfaits, parce que seule la perfection existe. Mais le gros mensonge, c'est que tu n'es pas parfait, que personne n'est parfait. Aussi, tu te mets à la recherche d'une *image* de perfection que tu ne peux jamais devenir. Tu n'obtiendras jamais la perfection de cette façon, parce que cette image est fausse. C'est un mensonge, mais tu ajoutes foi à ce mensonge, et tu édifies ensuite toute une structure de mensonge pour le soutenir. ”

À ce moment, je n'ai pas réalisé que mon grand-père m'avait donné une occasion formidable – quelque chose d'aussi simple que d'avoir la conscience que tout le drame de ma vie, toute la souffrance de ma vie, n'existait que parce que je croyais à des mensonges. Je voulais croire ce que mon grand-père disait, mais je fis seulement semblant de le croire. Et c'était si logique que je dis : “ Oh oui ! Grand-père, tu as raison. Je suis d'accord avec toi. ” Mais je mentais. Il y avait trop de mensonges dans ma tête pour accepter quelque chose d'aussi simple que la vérité.

Alors mon grand-père me regarda avec beaucoup de gentillesse et dit : “ Miguel, je peux voir que tu essaies de m'impressionner, de prouver que tu es assez bon pour moi. Et tu as besoin de faire cela, parce que tu n'es pas assez bon pour toi-même. ” Ouch ! Il m'avait épinglé. Je ne savais pas pourquoi, mais j'avais l'impression qu'il m'avait pris en flagrant délit de mensonge. Je n'avais jamais réalisé que mon grand-père connaissait parfaitement mon manque d'assurance, savait parfaitement que je me critiquais et me rejetais moi-même, voyait parfaitement mes sentiments de culpabilité et de honte. Comment savait-il que je prétendais être ce que je n'étais pas ?

Grand-père sourit encore et me dit : “ Miguel, tout ce que tu as appris à l'école, tout ce que tu sais au sujet de la vie, n'est que connaissance. Comment peux-tu savoir si ce que tu as appris est la vérité ou non ? Comment peux-tu savoir si ce que tu crois à ton sujet est la vérité ? ” À ce moment, je réagis et dis : “ Bien sûr que je connais la vérité à mon sujet. Je vis avec moi chaque jour. Je sais ce que je suis ! ” Grand-père rit franchement et dit : “ La vérité, c'est que tu n'as aucune idée de ce que tu es vraiment, mais tu sais ce que tu *n'es pas.* Cela fait si longtemps que tu pratiques ce que *tu n'es pas*, que tu crois vraiment que ton *image* est ce que tu crois. Tu as investi ta confiance dans tous ces mensonges à ton sujet. C'est une histoire, mais ce n'est pas la vérité.

“ Miguel, ce qui te rend fort, c'est ta foi. La foi est le pouvoir de création qu'ont tous les humains, et elle n'a rien à voir avec la religion. La foi est le résultat d'un accord. Quand tu acceptes de croire en quelque chose sans doute aucun, tu investis ta foi. Si tu n'as aucun doute au sujet de ce que tu crois, alors pour toi c'est la vérité, même si en réalité c'est un mensonge. Ta foi est si puissante que si tu crois que tu n'es pas assez bon, tu n'es pas assez bon ! Si tu crois que tu échoueras, tu échoueras, parce que c'est le pouvoir et la magie de ta foi. Comme je te l'ai dit, tu souffres parce que tu crois en des mensonges. C'est aussi simple. L'humanité est comme elle est parce que, collectivement, nous croyons en tant de mensonges. Cela fait des milliers d'années que les humains véhiculent des mensonges, et nous réagissons aux mensonges avec haine, avec colère, avec violence. Mais ce ne sont que des mensonges. "

Je me demandai : " Alors comment pouvons-nous connaître la vérité ? " Avant que j'aie pu poser cette question à haute voix, mon grand-père y répondit : " La vérité, on doit en faire l'expérience. Les humains ont besoin de décrire, d'expliquer, d'exprimer ce qu'ils perçoivent, mais quand nous faisons l'expérience de la vérité, il n'y a pas de mots pour la décrire. Celui qui proclame : ' C'est la vérité ', ment sans même le savoir. Nous pouvons percevoir la vérité avec nos sentiments, mais dès que nous essayons de la décrire avec des mots, nous la déformons, et ce n'est plus la vérité. C'est notre histoire ! C'est une projection fondée sur la réalité qui n'est vraie que pour nous, mais nous essayons encore de mettre notre expérience en paroles, et c'est quelque chose de réellement merveilleux. C'est le plus grand art de tout être humain. "

Grand-Père pouvait voir que ce qu'il venait de dire n'était pas clair pour moi. " Miguel, si tu es un artiste, un peintre, tu essaies d'exprimer ce que tu perçois avec ton art. Ce que tu peins peut n'être pas exactement ce que tu perçois, mais en est assez proche pour l'évoquer. Bon, imagine que tu aies la chance d'être un ami de Pablo Picasso. Et parce que Picasso t'aime, il décide de faire un portrait de toi. Tu poses pour Picasso, et, au bout de plusieurs jours, il te montre finalement ton portrait. Tu diras : ' Ce n'est pas moi ', et Picasso dira : ' Mais si, c'est toi. C'est comme ça que je te vois. ' Pour Picasso, c'est vrai ; il exprime ce qu'il perçoit. Mais tu diras : ' Je ne ressemble pas à cela. '

" Chaque humain est comme Picasso. Chaque humain est un conteur, ce qui veut dire que chaque humain est un artiste. Ce que Picasso fait avec les couleurs, nous le faisons avec les mots. Les humains sont témoins de la vie qui se produit en nous et autour de nous, et nous utilisons des mots pour faire un portrait de ce dont nous témoignons. Les humains fabriquent des histoires au sujet de tout ce qu'ils perçoivent, et, comme Picasso, nous déformons la vérité ; mais pour nous, *c'est* la vérité. Bien sûr, la façon dont nous exprimons notre déformation peut être quelque chose que les autres aiment. L'art de Picasso est très estimé par beaucoup de gens.

“ Tous les humains créent leur histoire avec leur point de vue unique. Pourquoi essayer d'imposer ton histoire aux autres alors que pour eux elle n'est pas vraie ? Quand tu comprends cela, tu n'as plus besoin de défendre ce que tu crois. Il n'est pas important d'avoir raison ou de donner tort aux autres. Tu vois au contraire chacun comme un artiste, un conteur. Tu sais que ce qu'il croit est juste son point de vue. Cela n'a rien à voir avec toi. ”

Eh bien ! J'avais voulu impressionner mon grand-père, mais c'est lui qui, à nouveau, m'avait impressionné. J'avais le plus grand respect pour mes aînés. Ce n'est que plus tard que je compris le sens du sourire qui s'était dessiné sur le visage de mon grand-père. Il ne s'était pas moqué de moi. Le sourire, c'était parce que je lui rappelais une époque où, tout comme moi, il avait essayé d'impressionner ses aînés.

Après cette conversation avec mon grand-père, je ressentis le besoin de comprendre. Je voulais comprendre ma vie personnelle, et découvrir le moment où j'avais commencé à ajouter foi aux mensonges. Ce n'était pas facile. Il me fallut un an pour digérer cette conversation. Me voir au moment présent, voir ce que je croyais, n'était pas évident, et pas facile du tout à abandonner. Mais je voulais des réponses parce que c'est ma nature. J'avais besoin de savoir, et le seul point de référence était mes souvenirs.

POINTS À MÉDITER

- Il y a un conflit dans le mental humain entre la vérité et ce qui n'est pas la vérité, entre la vérité et les mensonges. Le résultat de la foi en la vérité est la bonté, l'amour, le bonheur. En revanche, ajouter foi aux mensonges et les défendre, ne fait naître qu'injustices et souffrances – dans la société comme dans l'individu.

- Le drame dont souffrent les humains est le résultat de la croyance en les mensonges, surtout au sujet de soi-même. Le premier mensonge auquel nous croyons est *je ne suis pas*. Je ne suis pas ce que je *devrais* être, je ne suis pas parfait. La vérité, c'est que chaque humain est né parfait parce que seule la perfection existe.

- Nous, humains, n'avons aucune idée de ce que nous sommes véritablement, mais nous savons ce que nous *ne sommes pas.* Nous créons une image de perfection, une histoire au sujet de ce que nous *devons* être, et nous nous mettons en quête d'une fausse image. L'image est un mensonge, mais nous investissons notre foi dans ce mensonge. Puis nous édifions toute une structure de mensonges pour la soutenir.

- La foi est une force puissante chez les humains. Si nous ajoutons foi à un mensonge, ce mensonge devient pour nous vérité. Si nous croyons que nous ne sommes pas assez bons, alors, *c'est ce qui arrivera*, et nous ne serons pas assez bons. Si nous croyons que nous échouerons, nous échouerons, parce que tel est le pouvoir, telle est la magie, de notre foi.

- Les humains peuvent percevoir la vérité avec leurs sentiments, mais quand nous essayons de décrire la vérité, nous ne pouvons que raconter une histoire que nous déformons avec nos mots. L'histoire est peut-être vraie pour nous, mais ça ne signifie pas qu'elle soit vraie pour quelqu'un d'autre.

- Tous les humains sont des conteurs avec leur point de vue unique. Quand nous avons compris cela, nous ne ressentons plus le besoin d'imposer notre histoire aux autres, ou de défendre ce que nous croyons. Nous nous voyons au contraire comme des artistes, avec le droit de créer notre propre art.

3

Le Mensonge de notre Imperfection

Des souvenirs d'enfance sont évoqués

Je me souviens de ma liberté, quand j'étais enfant. C'était merveilleux, d'être un enfant. Je me souviens d'avoir appris à marcher, avant d'apprendre à parler. J'étais comme une petite éponge essayant d'apprendre tout. Je me rappelle aussi la façon dont j'étais avant d'apprendre à parler.

Petit enfant, j'étais entièrement authentique. Je ne prétendais pas être ce que je n'étais pas. Ma tendance était le jeu, et j'évitais ce que je n'aimais pas. Toute mon attention était concentrée sur ce que je ressentais, et je pouvais voir les émotions émaner des autres gens. Nous pouvons appeler cela *instinct* si nous voulons, mais c'était une sorte de perception. J'étais attiré par certaines personnes, parce que j'avais confiance en elles. D'autres, je n'aimais pas être près d'elles, parce que ça me mettait mal à l'aise. J'avais beaucoup d'émotions que je ne pouvais pas expliquer, parce que, bien sûr, les mots me faisaient défaut.

Je me rappelle – je m'éveille, je vois le visage de ma mère, je me sens inondé par un désir de l'étreindre. Je ne savais pas que l'on appelait cette émotion *amour.* C'était un amour totalement naturel. Je ressentais la même chose au sujet de mes jouets, et du chat et du chien, aussi. Je me rappelle – mon père revenait du travail, je courais vers lui, je sautais sur lui avec une joie immense, avec un grand et beau sourire. Complètement authentique. Je pouvais être nu, je ne me souciais pas de ce que l'on pensait. J'étais moi-même, qui que je fusse, parce que je n'avais pas de *connaissance.* Je n'avais pas de programme dans ma tête. Je ne savais pas ce que j'étais, et je ne me souciais pas de le savoir. De même qu'un chien ne sait pas qu'il est un chien. Mais il agit comme un chien. Il aboie comme un chien. Eh bien ! J'étais comme ça. Je vivais par mon intégrité. C'était ma vraie nature avant que j'apprenne à parler.

J'ai continué d'explorer mes souvenirs d'enfance, et j'ai découvert que quelque chose arrive à tout le monde. Qu'est-ce qui arrive ? Eh bien ! La connaissance arrive. Je peux me rappeler quand j'ai commencé à apprendre des mots. J'apprends les noms de chaque objet que je perçois. J'apprends une langue, ce qui est formidable. Maintenant, je peux utiliser des mots pour demander ce que je veux. Des mois plus tard, ou peut-être des années plus tard, mon mental est assez mûr pour les concepts abstraits. Avec ces concepts, quelque chose d'incroyable arrive. Je commence à créer des histoires en qualifiant toute chose : ce qui est juste ou faux, ce que je dois et ne dois pas être, ce qui est bon ou mauvais, beau ou laid. Ce n'est pas seulement à partir de ce que disent mes parents, que j'apprends, mais aussi de ce qu'ils font. J'apprends de ce qu'ils disent, non seulement à moi, mais aussi aux autres. J'apprends à interagir, à échanger. Je copie tout ce que je vois. Je vois mon père, très puissant, avec ses fortes opinions, et je veux être comme lui. Je suis impatient d'être grand pour avoir mes propres opinions.

Quand finalement je comprends le langage, on se met à me dire ce que je suis. C'est en écoutant les opinions des conteurs autour de moi que j'apprends à mon sujet. Ma mère crée une image de moi fondée sur ce qu'elle croit que je suis. Elle me dit ce que je suis, et je la crois. Puis mon père me dit ce que je suis, et c'est quelque chose de complètement différent, mais je suis aussi d'accord avec lui. Bien sûr, chacun de mes frères, chacune de mes sœurs, a une opinion a mon sujet, et je suis d'accord. Ils en savent sûrement plus long que moi, même si c'est moi qui vis dans ce corps physique. Rien de cela n'est logique, mais je passe du bon temps.

Puis je vais à l'école, et la maîtresse me dit ce que je suis, et je suis d'accord aussi, jusqu'à ce qu'elle me dise ce que je dois être, mais que *je ne suis pas.* Je suis d'accord, et c'est alors que le problème a commencé. J'entends la maîtresse dire : " Les enfants, vous devez travailler dur pour devenir quelqu'un, pour réussir dans la vie. Le monde est divisé entre gagnants et perdants, et vous êtes ici pour vous préparer à être des gagnants. Si vous travaillez dur, vous pourrez devenir avocat, médecin, ingénieur. " Ma maîtresse me raconte les histoires de tous les présidents passés, et ce qu'ils avaient fait quand ils étaient enfants. Bien sûr, tous ces héros sont des vainqueurs. Je suis un enfant ; je suis innocent. J'apprends le concept de " gagnant ". Je suis d'accord, je dois devenir un gagnant, et ça y est – cet accord est emmagasiné dans ma mémoire.

À la maison, j'entends mes parents dire : " Miguel, tu dois te comporter comme ça, pour être un bon garçon ", ce qui signifie que si je ne me comporte pas ainsi, *je ne suis pas* un bon garçon. Ils ne disent pas cela, mais c'est cela que je comprends. Tu dois faire ceci, ceci et cela, pour être un bon garçon. Alors, tu auras une récompense. Et si tu n'es pas comme ça, tu seras puni. Oh! Je suis trop petit ; ils sont si grands. J'essaie de me rebeller, et j'échoue. Ils gagnent. Je commence à feindre d'être ce que *je ne suis pas*, pour éviter les punitions, mais aussi obtenir des récompenses. Je dois être ce qu'ils me disent d'être, parce que la récompense ne va qu'aux bons garçons. Je me souviens des efforts que j'ai faits pour avoir la récompense de leur attention, pour les entendre me dire : " Miguel tu es vraiment un bon garçon. "

Ce que je ne remarque pas derrière tous les messages que j'entends, ce sont les messages silencieux, implicites, qui ne sont jamais dits, mais que je peux comprendre : *Je ne suis pas comme je devrais être ; ce n'est pas bien d'être moi.* Si le message est : " Miguel, tu dois travailler dur pour devenir quelqu'un ", cela signifie que maintenant je ne suis personne. Dans mon esprit d'enfant, le message silencieux que je comprends est *Je ne suis pas assez bon.* Je n'y suis pas : je ne serai jamais assez bon parce que *je ne suis pas parfait.* Je suis d'accord, et alors, comme la plupart des gens, je me mets en quête de la perfection.

C'est ainsi que l'image de la perfection s'introduit dans mon esprit. C'est quand je cesse d'être moi-même, et que je commence à feindre d'être ce que *je ne suis pas.* Ce premier mensonge se produit au cours de ma première année d'école, presque tout de suite. Être assis dans cette classe, voir ma première maîtresse, cela m'impressionne profondément. La maîtresse est une adulte. Tout ce qu'elle dit doit être la vérité, tout comme ce que disent mon père ou ma mère doit être vrai. Elle est une excellente maîtresse qui prend vraiment soin des enfants, et si le message que je reçois est très positif, la conséquence est un peu différente. Derrière ce message, il y a quelque chose de très subtil. J'appelle cela *le mensonge de mon imperfection.* C'est le principal mensonge auquel j'accepte de croire à mon sujet, et, pour soutenir ce mensonge, d'autres mensonges sont inventés.

C'est le moment de ma chute, où je commence à partir du ciel, où ma foi en le mensonge commence à produire sa magie. Tout comme un miracle, il commence à produire des effets tout autour de moi : je dois travailler dur pour être assez bon pour ma mère, pour être assez bon pour mon père, pour être assez bon pour mes frères et mes sœurs aînés, pour être assez bon pour mes maîtres. C'est écrasant, mais ce n'est pas encore fini. Je regarde la télévision, et là, on me dit aussi quelle apparence je dois avoir, comment je dois m'habiller, comment je dois être, mais *je ne le suis pas.* La télévision me donne des images de héros et de méchants. Je vois des gens qui se donnent du mal pour être des gagnants. Je les vois s'efforcer d'être parfaits, vouloir être des gens importants, vouloir être ce qu'ils ne sont pas.

Le vrai drame commence à l'adolescence, parce que, maintenant, non seulement je ne suis pas assez bon pour les autres, mais je ne suis plus assez bon non plus pour moi-même. Le résultat, c'est le rejet de soi. J'essaie de me prouver ma valeur à moi-même, en travaillant dur pour obtenir des "A" à l'école. Je fais des efforts considérables pour être le meilleur en sport, le meilleur aux échecs, le meilleur en tout. D'abord, je fais cela pour essayer d'impressionner mon père et mes frères aînés ; ensuite, c'est pour m'impressionner moi-même. À ce moment, je ne suis plus authentique. J'ai perdu mon intégrité, mon authenticité, parce que je ne prends plus des décisions fondées sur ce qui est bon pour moi. Il est plus important de satisfaire aux points de vue des autres.

Quand je passe au secondaire, on me dit : “ Tu n’es plus un enfant ; tu ne peux pas te comporter en enfant. Maintenant, tu dois te comporter de cette façon. ” Encore et encore, j’essaie de plaire aux autres gens en prétendant être ce qu’ils veulent que je sois. Je me mets en quête des opinions de tout le monde. De quoi ai-je l’air ? Que pensez-vous de moi ? Est-ce que j’ai bien travaillé ? Je cherche une approbation, un soutien, quelqu’un qui me dit : “ Miguel, tu es excellent. ” Et si je suis avec quelqu’un qui me dit que je suis vraiment bon, cette personne peut très facilement manipuler ma vie, parce que j’ai besoin de cette reconnaissance. J’ai besoin que quelqu’un me dise que je suis intelligent, que je suis merveilleux, que je suis un gagnant.

Je ne supporte pas d’être seul avec moi-même. Quand je suis seul, je me perçois comme un perdant, et la critique que je m’adresse est forte. Parce que je *ne suis pas* comme je dois être selon mon histoire, je me juge et je me trouve coupable. Puis je commence à utiliser tout ce qui m’entoure comme instrument pour me punir. J’ai tendance à me comparer aux autres gens. “ Oh ! Ils sont meilleurs que moi.

Bon, ils sont pires. " Cela me rend un peu amer, mais alors, je me regarde dans un miroir – aïe ! Je n'aime pas ce que je vois. Je me rejette ; bien sûr, je ne m'aime pas. Mais je prétends m'aimer. Avec de la pratique, je commence même à croire ce que je prétends.

Plus tard, alors que j'essaie vraiment de m'affirmer dans la société, je deviens médecin. Est-ce que cela fait enfin de moi un gagnant ? Oh non ! Il y a des cardiologues, des neurologues, des chirurgiens. Alors je deviens chirurgien, mais je ne suis toujours pas assez bon, selon mon histoire. J'ai une image de moi-même à laquelle je crois quand je suis seul, et je projette différentes images pour les autres, selon ce qu'ils veulent croire à mon sujet. Quand j'entreprends de projeter ces images, je dois aussi les défendre. Je dois être très intelligent, juste pour couvrir tous ces mensonges !

Je continue à feindre d'être toutes ces images, et au bout de plusieurs années de pratique, je deviens un grand acteur. Si j'ai le cœur brisé, je me dis : " Ça ne fait pas mal. Je m'en moque. " Je mens. Je fais semblant. Je pourrais gagner un prix pour ma représentation. Quel personnage, quel drame ! Et je pourrais dire que le drame de ma vie commence quand j'accepte que je ne suis pas assez bon – quand j'entends mes professeurs, ma famille, la télévision me dire : “ Miguel, tu dois être *de cette façon* ”, mais *je ne le suis pas.*

Je cherche l'estime, la reconnaissance, l'amour – ne sachant pas que c'est juste une histoire. Je cherche la perfection, et je trouve intéressant de noter que “ n'être pas parfait ” est la plus grosse excuse que les gens utilisent pour justifier leurs actions. Chaque fois qu'ils font une faute et qu'ils ressentent le besoin de défendre leur image, je les entends dire : “ Bon, je ne suis qu'un humain ; je ne suis pas parfait. Seul Dieu est parfait. ” Cela devient aussi la principale excuse pour toutes les fautes que je commets. “ Oh ! Mais personne n'est parfait ! ” Quelle justification formidable.

Je vais à l'église, et on me montre les images des saints : “ C'est la perfection. ” Mais dans les visages des saints, je ne vois que souffrance, douleur. Oh ! Pour être parfait, dois-je être comme eux ? Oui, je suis ici pour souffrir, et si je souffre avec patience, peut-être, quand je mourrai, je pourrai recevoir ma récompense au ciel. Peut-être qu'alors, je serai parfait !

Je croyais cela, parce que je l'entendais souvent. Mais c'est juste une histoire. J'avais beaucoup de superstitions dans ma tête, à mon sujet, au sujet de tout. Des mensonges qui sont vieux de milliers d'années affectent encore la façon dont nous créons nos propres histoires. Quand j'étais enfant, on me disait : “ Seul Dieu est parfait. Toute la création de Dieu est parfaite, à l'exception des humains. ” En même temps, on me disait que Dieu avait mis les humains au sommet de la création. Mais comment les humains peuvent-ils être au sommet de la création, alors que tout est parfait, sauf les humains ? C'était pour moi quelque chose d'incompréhensible. Quand je fus plus vieux, je pensai à cette contradiction. Ce n'est pas possible. Si Dieu est parfait, très bien, il est celui qui crée tout. Si je crois vraiment en la perfection de la création de Dieu, alors je pense que nous sommes tous parfaits ou que Dieu n'est pas lui non plus parfait.

J'aime et je respecte toute la création de Dieu. Comment puis-je dire : “ Dieu, tu as créé des milliards de gens, et ils ne sont pas parfaits ” ? Pour moi, dire que je ne suis pas parfait, ou que vous n'êtes pas parfait, c'est la plus grande insulte, selon mon point de vue. Si nous ne voyons pas la perfection, c'est parce que notre attention est centrée sur le mensonge, sur cette image de perfection que nous ne pouvons jamais être. Et combien abandonnent la poursuite de leur image de la perfection ? Mais abandonner, ce n'est pas agir en guerrier. Nous acceptons juste les échecs, nous reconnaissons que nous n'y arriverons pas, et nous blâmons tout ce qui nous entoure, tout ce qui nous est extérieur. " Je n'y suis pas arrivé parce que personne ne m'a aidé – à cause de ceci ou cela... " Il y a des centaines d'excuses, mais maintenant, le jugement que l'on porte sur soi est pire que jamais. Quand nous essayons encore d'être parfaits, le jugement est là, mais ce n'est pas aussi mauvais que lorsque nous abandonnons. Alors, nous essayons de cacher nos frustrations, et nous disons : " Tout va bien pour moi ; c'est le genre de vie que je veux ", mais nous savons que nous avons échoué, et nous ne pouvons cacher ce que nous croyons à notre sujet.

Bien sûr, chaque fois que nous essayons d'être ce que nous ne sommes pas, nous échouons. C'est très difficile d'être ce que l'on n'est pas, de *prétendre* être ce que l'on n'est pas. Je feignais d'être très heureux et très fort et très important. Oh ! Vivre comme ça, c'est vraiment un enfer très profond. C'est un montage, ce n'est pas une victoire. On ne peut jamais être ce que l'on n'est pas, et c'est là le principal. On ne peut qu'être *soi*, et c'est tout. Et vous êtes *vous* là maintenant, et c'est sans effort.

Il n'est aucunement besoin de justifier ce que nous sommes. Il n'est nul besoin de s'efforcer de devenir ce que nous ne sommes pas. Nous avons juste besoin de revenir à notre intégrité, à la façon dont nous étions avant d'apprendre à parler. Parfait. En tant que petits enfants, nous sommes authentiques. Quand nous avons faim, nous avons seulement besoin de manger. Quand nous sommes fatigués, nous avons juste besoin de nous reposer. Seul le moment présent est réel pour nous. Nous ne nous soucions pas du passé, et nous ne nous inquiétons pas du futur. Nous jouissons de la vie ; nous voulons explorer et nous amuser. Personne ne nous enseigne d'être ainsi ; nous sommes nés ainsi.

Nous naissons dans la vérité, mais nous grandissons en croyant à des mensonges. C'est le grand drame de l'humanité, le grand problème des conteurs. L'un des plus grands mensonges dans l'histoire de l'humanité, est le mensonge de notre imperfection. Ce mensonge a eu un grand effet sur ma vie. Je dis aux autres de ne pas faire de suppositions, mais je dois supposer que d'une façon ou d'une autre, cela nous arrive à tous. Bien sûr, il y a des différences dans l'histoire, mais je pense que la structure est plus ou moins la même pour tous. Il est difficile d'échapper à ce montage.

J'étais un petit enfant parfait. J'étais innocent, et j'ai mangé le mensonge, qui disait que je *ne suis pas* ce que je devrais être. Je croyais que je devrais travailler très dur pour devenir ce que je dois être. C'est ainsi que j'ai appris à créer mon histoire, et parce que j'avais foi en l'histoire, l'histoire est devenue vraie pour moi. Et l'histoire, bien qu'elle soit pleine de mensonges, est parfaite. Elle est merveilleuse et belle. L'histoire n'est pas juste ou fausse ou bonne ou mauvaise – c'est juste une histoire, c'est tout. Mais avec de la conscience, nous pouvons changer l'histoire. Pas à pas, nous pouvons revenir à la vérité.

POINTS À MÉDITER

- En tant que petits enfants, nous sommes complètement authentiques. Nous ne prétendons jamais être ce que nous ne sommes pas. Notre tendance est de jouer et d'explorer, de vivre en ce moment, de jouir de la vie. Personne ne nous apprend à être ainsi ; nous naissons ainsi. C'est notre vraie nature avant que nous n'apprenions à parler.

- Quand le mental humain est assez mûr pour les concepts abstraits, nous apprenons à qualifier toute chose : juste ou faux, bon ou mauvais, beau ou laid. Nous créons une histoire au sujet de ce que nous *devons* être, nous ajoutons foi à l'histoire, et l'histoire devient la vérité pour nous.

- Derrière tous les messages que nous entendons comme enfants, il y a les messages silencieux, jamais dits, mais que nous pouvons comprendre : *Ce n'est pas bien d'être moi. Je ne suis pas assez bon.* Dès le moment où nous acceptons, nous cessons d'être nous-mêmes, et nous prétendons être ce que nous ne sommes pas, juste pour faire plaisir aux autres, juste pour correspondre à une image qu'ils créent pour nous, selon leur histoire.

- Vous ne pouvez jamais être ce que vous n'êtes pas. Vous pouvez seulement être *vous*, et c'est tout. Et vous êtes *vous* maintenant, et sans effort.

- Les humains naissent dans la vérité, mais nous grandissons en croyant à des mensonges. L'un des plus grands mensonges de l'histoire de l'humanité, c'est le mensonge de notre imperfection. C'est juste une histoire, mais nous la croyons, et nous utilisons l'histoire pour nous juger nous-mêmes, pour nous punir nous-mêmes, et pour justifier nos fautes.

- Tout dans la création de Dieu est parfait. Si nous ne voyons pas notre propre perfection, c'est parce que notre attention est centrée sur notre histoire. Les mensonges dans notre histoire nous empêchent de voir la vérité. Mais avec de la conscience, nous pouvons changer l'histoire et revenir à la vérité.

4

Une Nuit dans le Désert

Une rencontre avec l'infini

J'eus une autre occasion de percevoir la vérité alors que j'exerçais ma profession de médecin. J'étais dans la petite ville d'Altar Sonora, dans le désert de Sonora. C'était l'été, et la chaleur était si forte que je ne pouvais fermer l'œil. Je décidai de quitter mon cabinet et de marcher dans le désert. C'était la nouvelle lune, et je pouvais voir des millions d'étoiles dans le ciel. J'étais seul au milieu du désert, percevant une grande beauté. Je voyais l'éternité, l'infini dans ces étoiles, et je savais sans aucun doute que les étoiles étaient vivantes. L'infini, notre Terre Mère, toute la création, est vivante. C'est un être vivant.

J'avais certes déjà vu maintes fois ces étoiles, mais jamais comme cela, de ce point de vue. Ma réaction émotionnelle fut prodigieuse. Je ressentis dans mon coeur une joie intense, unie à la paix la plus merveilleuse. Alors quelque chose d'incroyable se produisit. J'avais la sensation de n'être pas seul dans le désert. Tandis que je percevais l'immensité de l'infini, l'infini me percevait. Ces millions d'étoiles faisaient partie d'un être vivant qui sait tout et qui perçoit tout. L'univers savait que j'existais !

Puis quelque chose d'encore plus extraordinaire se produisit. Ma perception changea, et pendant un instant, je vis l'immensité des étoiles percevant l'infini dans mon corps physique. Je pouvais me voir au milieu du désert – si petit. Je voyais que mon corps physique était fait de milliards de minuscules étoiles, qui, je le savais, étaient des atomes, et leur immensité était celle des étoiles du ciel.

Cette nuit, je sus que l'infini à l'intérieur de mon corps physique est juste la continuation de l'infini tout autour de moi. Je fais partie de cet infini, et il en est de même de tout objet que je perçois. Il n'y a pas de différence entre nous, entre nous et n'importe quel objet. Nous sommes seulement un parce que tout est fait de lumière. La lumière s'exprime sous des milliards de formes différentes, pour créer l'univers matériel. Et, plus encore, je sus qu'il n'y a qu'une force qui meut et transforme toute chose. La force qui meut les étoiles est la force même qui meut les atomes de mon corps. Je l'appelle *vie*, et la lumière est la messagère, la porteuse, de la *vie*, parce que la lumière envoie tout le temps une information à tout ce qui existe.

Et il était incroyable de comprendre que la lumière est vivante. La lumière est un être vivant qui contient toute la sagesse de l'univers et occupe chaque espace. Il n'y a pas d'espace vide entre les étoiles, tout comme il n'y a pas d'espace vide entre les atomes de mon corps. L'espace entre les étoiles est rempli de lumière ; il paraît seulement vide quand il n'y a pas d'objet pour refléter la lumière. Tout objet que nous envoyons dans l'espace reflète la lumière parce que toutes les matières reflètent la matière, tout comme un miroir.

Je cherchai alors dans ma poche un petit miroir, que j'avais toujours sur moi, pour ma profession. Dans le miroir, je pouvais voir une copie exacte de toute la création, une réalité virtuelle faite de lumière. À ce moment, je sus que mes yeux étaient comme deux miroirs. La lumière projette une réalité virtuelle à l'intérieur de mon cerveau, exactement comme elle projette une réalité virtuelle dans un miroir. Il devenait évident pour moi, que tout ce que je percevais était une réalité virtuelle faite par des images de lumière. La seule différence entre mes yeux et un miroir, c'est que mes yeux ont, derrière eux, un cerveau. Et avec ce cerveau, j'ai la capacité d'analyser, d'interpréter, et de décrire la réalité virtuelle que je perçois en ce moment.

Je co-crée avec Dieu, avec la *vie.* Dieu crée ce qui est réel, et je crée la réalité virtuelle à l'intérieur de mon mental. Grâce à la lumière la vie envoie toute cette information dans mes yeux, et je fais une histoire au sujet de ce que je perçois. L'histoire concerne ma qualification, ma justification, et mon explication de ce que je perçois. Si je vois un arbre, je ne *vois* pas juste l'arbre ; je qualifie l'arbre, je décris l'arbre. J'aime l'arbre ou je n'aime pas l'arbre. Je peux trouver l'arbre beau ou non, mais mon point de vue, mon opinion au sujet de l'arbre, est une histoire de ma propre création. Une fois que j'ai interprété, qualifié, ou jugé ce que j'ai perçu, ce n'est plus réel ; c'est un monde virtuel. C'est ce que les Toltèques appellent *rêver.*

Tout commençait alors à devenir intelligible dans mon mental. Je compris enfin ce que ma mère et mon grand-père avaient essayé de m'apprendre depuis si longtemps, au sujet de l'ancienne philosophie des Toltèques. Les Toltèques croient que les êtres humains vivent dans un rêve. Le rêve est un monde d'illusion fait d'images de lumière, et le mental rêve quand le cerveau est à la fois endormi et éveillé.

Puis je me souvins que le mot *Toltèque* signifie “ artiste de l'esprit ”. Dans la tradition toltèque, chaque homme est un artiste, et l'art suprême est l'expression de la beauté de notre esprit. Si nous comprenons ce point de vue, nous pouvons voir combien il est merveilleux de s'appeler artiste, au lieu d'humain. Quand nous pensons que nous sommes des humains, nous limitons la façon dont nous nous exprimons dans la vie. Nous entendons : “ Je suis seulement un humain ; je ne suis pas parfait. ” Mais si nous nous appelons artistes, où est la limitation ? En tant qu'artistes, nous n'avons pas de limitation ; nous sommes créateurs, tout comme celui qui nous a créés.

Les Toltèques croyaient que la force de vie qui œuvre en nous est ce qui crée vraiment l'art, et que chacun est un instrument de cette force. Chaque manifestation de l'artiste suprême devient elle-même un artiste qui manifeste l'art au moyen de ses propres manifestations. L'art est vivant, et il a une conscience de soi parce qu'il vient de la vie. La création est continue, elle est sans fin, elle arrive à chaque moment, partout.

Comment vivons-nous notre vie ? C'est notre art, l'art de vivre. Avec notre pouvoir de création, nous exprimons la force de vie dans tout ce que nous disons, tout ce que nous sentons, tout ce que nous faisons. Mais il y a deux sortes d'artistes : ceux qui créent leur histoire sans conscience, et ceux qui recouvrent la conscience, et qui créent leur histoire avec vérité et amour.

Vous rêvez votre vie en ce moment. Vous percevez non seulement votre propre rêve, mais aussi le rêve de l'artiste suprême reflété en tout ce que vous percevez. Vous réagissez et essayez de comprendre ce que vous percevez. Vous essayez de l'expliquer à votre façon, selon la connaissance emmagasinée dans la mémoire de votre mental. C'est, de mon point de vue, quelque chose de merveilleux. Vous vivez dans l'histoire que vous créez, et je vis dans l'histoire que je crée. Votre histoire est votre réalité – une réalité virtuelle qui est seulement vraie pour vous, celui qui la crée.

Il y a longtemps, quelqu'un a dit : " Chaque tête est un monde ", et c'est vrai. Vous vivez dans votre propre monde, et ce monde est très privé. Personne ne sait ce que vous avez dans votre monde. Il n'y a que vous qui le sachiez, et parfois même, vous ne le savez pas. Votre monde est votre création, et c'est un chef-d'œuvre.

Cette nuit dans le désert de Sonora changea la façon dont je me perçois et dont je perçois l'humanité, la façon dont je perçois le monde entier. Dans un moment d'inspiration, je vis l'infini, la force de vie en action. Cette force est toujours présente et évidente pour tous, mais il était impossible que je la voie sans me concentrer sur des mensonges. Ce que mon grand-père avait essayé de me dire était vrai : “ Seule la perfection existe. ” Il me fallut beaucoup de temps pour traduire cela en mots, bien sûr, mais je finis par comprendre ce qu'il voulait dire quand je fis l'expérience de la vérité par moi-même. Je réalisai que je suis parfait parce que je suis inséparable de l'infini, de la force de vie qui crée les étoiles et l'univers de lumière. Je suis la création de Dieu. Je n'ai pas besoin d'être ce que *je ne suis pas.*

Ce fut ma rencontre avec l'amour, qui est le sentiment que j'avais, avant que je me refuse l'amour. Je redécouvris mon authenticité, qui est la façon dont je vivais avant d'apprendre des mensonges. À ce moment d'inspiration, tout était compréhensible pour moi, sans y penser. J'étais pure conscience. Je percevais avec mes sentiments, et si j'avais essayé d'utiliser des mots pour expliquer ce que je pensais, l'expérience aurait pris fin.

Je crois que tous les humains ont des moments d'inspiration quand ils perçoivent la vérité. Ces moments arrivent d'ordinaire quand le mental est calme – quand nous percevons la force vitale au moyen de nos sentiments. Bien sûr, les voix à l'intérieur de notre tête, que nous appelons *pensée*, invalideront notre expérience presque immédiatement. Ces voix essaieront de justifier et de nier ce que nous sentons. Pourquoi ? Parce que quand nous sommes témoins de la vérité, et que nous disons que nous avons peur, celui qui parle, c'est le menteur. Oui, parce que les mensonges qui parlent par cette voix ne peuvent survivre à la vérité, et ils ne veulent pas mourir.

C'est pourquoi il faut beaucoup de courage pour faire face à nos mensonges, pour faire face à ce que nous croyons. La structure de notre connaissance nous donne un sentiment de sécurité. Nous avons besoin de *connaître*, même si ce que nous connaissons n'est pas la vérité. Et si ce que nous croyons à notre sujet n'est plus vrai, nous ne nous sentons pas en sécurité, parce que nous ne savons pas comment être autrement. Quand nous découvrons que nous ne sommes pas ce que nous croyons être, le fondement de notre réalité tombe en morceaux. Toute l'histoire perd son sens, et c'est très effrayant.

Je n'avais pas eu peur dans le désert cette nuit. Mais quand je revins à moi, j'eus peur, parce que rien dans mon histoire n'avait plus d'importance, et je devais encore fonctionner dans ce monde. Plus tard, je découvris que je pouvais récrire l'histoire de ma vie. Je pouvais récupérer la structure de ce que je croyais, et la rebâtir sans les mensonges. La vie continua comme avant, mais les mensonges ne la gouvernaient plus.

POINTS À MÉDITER

- La lumière est un être vivant qui contient toute la sagesse de l'univers et occupe chaque espace. La lumière, la suprême messagère de Dieu, envoie constamment une information à tout ce qui existe, et s'exprime sous des milliards de formes différentes.

- La vie, la force de transformation qui crée et transforme les étoiles, est la même force qui crée et transforme les atomes dans notre corps physique. Cette force est toujours présente et évidente, mais nous ne pouvons pas la voir quand notre attention est centrée sur des mensonges.

- Chaque humain est une partie de l'infini, et il en est de même avec chaque objet que nous percevons. Il n'y a pas de différence entre nous, ou entre nous et aucun objet. Nous ne faisons qu'un, parce que tout est fait de lumière.

- La vie crée ce qui est réel, et les hommes créent une réalité virtuelle – une histoire au sujet de ce qui est réel. Nous percevons des images de *lumière*, et nous interprétons, qualifions et jugeons ce que nous percevons. Ce reflet continuel dans le miroir de notre esprit est ce que les Toltèques appellent *rêver.*

- Dieu, l'artiste suprême, utilise notre vie pour la création de l'art. Nous sommes les instruments au moyen desquels la force de vie s'exprime.

- L'art de rêver est l'art de vivre. Tout ce que nous disons et faisons est une expression de la force de vie. La création est continue. Elle est sans fin. Elle a lieu à tout instant.

5

Le Conteur

Explorer les personnages dans l'histoire

Cette nuit dans le désert est ce que j'appelle mon *retour au sens commun.* J'avais vécu dans une histoire de ma propre fabrication toute ma vie, sans même m'en rendre compte ! Une fois que j'eus pris conscience de cela, je commençai à tout remettre en question dans mon histoire. Est-il vrai que je sois ce que je crois être ? Ce que je crois au sujet des gens est-il vrai ? Je passai en revue l'histoire de ma vie, et je n'aimais pas du tout le drame que j'avais créé. Je voulais me réinventer.

Je commençai par faire sortir de mon histoire ce que je ne considérais pas comme vrai, et par essayer de découvrir ce qui était vrai. Je m'aperçus que ce que j'appelle le *cadre* du rêve est vrai, parce que notre Créateur crée le cadre, et c'est la même chose pour tous. Nos conventions au sujet de notre façon de nommer les objets dans le cadre, sont également vraies, parce que c'est la façon de décrire notre réalité virtuelle. La lettre A est un A parce que nous le disons, et nous en convenons. Le mot *chien* décrit un type d'animal que nous nous accordons à appeler *chien.*

La connaissance utilisée de cette façon est juste un *instrument pour la communication.* Mais presque tout l'abstrait est un mensonge : le vrai et le faux, le bien et le mal, le beau et le laid. Je m'aperçus que près de 90 % des concepts que j'avais emmagasinés dans mon mental, étaient fondés sur des mensonges, particulièrement les concepts me concernant auxquels j'avais ajouté foi : Je peux faire ceci ; je ne peux pas faire cela. Je suis ainsi ; je ne serai jamais ainsi. Le problème n'est pas en réalité la connaissance ; le problème, c'est ce qui *contamine* la connaissance – et c'est un mensonge. Je pouvais voir qu'il y avait une dose importante de non-sens dans la façon dont nous apprenons à écrire nos histoires. Comment cela a-t-il pu se produire ?

Avant que je naisse dans un corps physique, toute une société de conteurs était déjà là. L'histoire continuait, et avec leur histoire, j'appris à écrire la mienne. Les conteurs qui sont ici devant nous, nous apprennent à être humains. D'abord, ils nous racontent ce que nous sommes – un garçon ou une fille – puis ils nous disent qui nous sommes, et qui nous devons ou ne devons pas être. Ils nous apprennent à être une femme ou à être un homme. Ils nous disent d'être une femme *convenable*, une femme *décente*, un homme *fort*, un homme *brave.* Ils nous donnent un nom, une identité, et ils nous disent quel rôle nous jouons dans leur histoire. Ils nous préparent à vivre dans la jungle humaine, à entrer en compétition les uns avec les autres, à nous contrôler mutuellement, à imposer notre volonté, à combattre notre propre espèce.

Bien sûr, je croyais ce que les conteurs me disaient. Pourquoi ne les aurais-je pas cru ? Ils me remplissaient de connaissance, et j'utilisais leur connaissance pour copier leur style et créer mon art de semblable façon. J'entendais mes frères aînés faire part à mon père de leurs fortes opinions. J'essayais de parler, et ils me faisaient taire sans délai – je laissais tomber, j'étais muet. Comme je l'ai dit auparavant, c'est à peine si j'avais le droit de me forger une opinion personnelle. Peu importe ce qu'elle était ; je voulais juste imposer mon opinion et la défendre avec toute cette satisfaction de soi.

Enfants, nous observons la façon dont les gens établissent des relations mutuelles, et cela devient pour nous un comportement normal. Nous voyons nos sœurs et nos frères aînés, nos tantes et nos oncles, nos parents et nos voisins, dans des relations idylliques. Ils souffrent, mais ils croient aimer. Nous les voyons se battre, et nous ne pouvons attendre de grandir pour faire la même chose. L'état d'esprit, quand nous sommes enfants, est : " Oh, ça a l'air amusant ! " Tout le drame dont nous souffrons dans nos relations, est dû à ce que nous sommes témoins de trop de mensonges quand nous sommes innocents, et que nous utilisons ces mensonges pour former notre propre histoire.

Je continuai d'étudier l'histoire de ma vie, et ce que je découvris, c'est que tout ce qui s'y trouvait se rapportait à moi. Bien sûr, il doit en être ainsi, parce que je suis le centre de ma perception, et l'histoire provient de mon point de vue. Le personnage principal qui vit dans mon histoire est fondé sur quelqu'un qui existe réellement – c'est vrai. Je crée le personnage de “ Miguel ”, et c’est juste une image fondée sur ce que je conviens de croire à mon sujet. Je projette mon image vers d’autres membres de la société, et d’autres gens perçoivent cette projection, la modifient, et réagissent envers moi en fonction de leurs propres histoires.

Puis je découvris que, parce que c’est mon histoire, je crée aussi une image pour chaque personnage secondaire qui y vit. Les personnages secondaires sont fondés sur des gens qui existent réellement, mais tout ce que je crois à leur sujet est une histoire de ma propre fabrication. Je crée le personnage de ma mère, celui de mon père, le personnage de chacun de mes frères et sœurs, de mes amis, de ma bien-aimée, même de mon chien et de mon chat. Je rencontre une personne ; je qualifie la personne. J’émets des jugements à son sujet, qui sont seulement fondés sur toute la connaissance contenue dans mon mental. C’est ainsi que je conserve son image dans ma mémoire.

Dans mon histoire, vous êtes un personnage secondaire qui est ma création, et j’interagis avec vous. Vous projetez ce que vous voulez que je croie à votre sujet, et je le modifie en fonction de ce que je crois. Or, je suis sûr que vous êtes ce que je crois que vous êtes. Je pourrais même dire : “ Je vous connais ”, alors que, en vérité, je ne vous connais pas du tout. Je connais seulement l'histoire que je crée à votre sujet. Et il m'a fallu du temps pour comprendre que je connais seulement l'histoire que j'ai créée à mon sujet.

Pendant des années, j'ai pensé que je me connaissais moi-même, jusqu'à ce que je découvre que ce n'était pas la vérité. Je connaissais seulement ce que je croyais à mon sujet. Puis je découvris que je ne suis pas ce que je crois être ! Et je fus très intéressé, et aussi très effrayé, quand je découvris que je ne connais personne en réalité, et que personne ne me connaît non plus.

En vérité, nous connaissons seulement ce que nous *connaissons*, et la seule chose que nous connaissons vraiment, c'est notre histoire. Mais combien de fois n'entendons-nous pas dire : “ Je connais très bien mes enfants ; ils ne feraient pas pareille chose ! ” Pensez-vous que vous connaissez vraiment vos enfants ? Pensez-vous que vous connaissez vraiment votre partenaire ? Vous êtes probablement certain(e) que votre partenaire ne vous connaît pas ! Vous avez peut-être la certitude que personne ne vous connaît vraiment, mais vous connaissez-vous vraiment vous-même ? Connaissez-vous réellement quelqu'un ?

Je croyais connaître ma mère, mais la seule chose que je connais d'elle, c'est le rôle que je lui assigne, dans mon histoire. J'ai une image pour le personnage qui joue le rôle de ma mère. Tout ce que sais à son sujet est ce que je *crois* à son sujet. Je n'ai aucune idée de ce qu'elle a en tête. Seule ma mère peut savoir ce qu'elle est, et sûrement elle ne se connaît pas non plus.

Il en est de même pour vous. Votre mère peut bien jurer qu'elle vous connaît très bien. Mais est-ce vrai ? Je ne crois pas. Vous savez qu'elle ne sait rien de ce que vous avez dans votre mental. Elle connaît seulement ce qu'elle croit à votre sujet, ce qui signifie qu'elle ne sait à peu près rien. Vous êtes un personnage secondaire dans son histoire, et vous jouez le rôle du fils ou de la fille. Votre mère crée une image de vous, et elle veut que vous correspondiez à l'image qu'elle crée. Si vous n'êtes pas ce qu'elle veut que vous soyez selon son histoire, devinez ce qui va se passer. Elle se sent blessée par vous, et elle essaie de vous faire correspondre à son image. C'est pourquoi elle ressent le besoin de vous contrôler, de vous dire ce que vous devez faire, ce que vous ne devez pas faire, de vous faire part de ses opinions au sujet de la façon dont vous devez mener votre vie.

Quand vous savez que c'est juste son histoire, pourquoi vous donner la peine de défendre votre point de vue ? La meilleure chose que vous puissiez faire, c'est changer de conversation, profiter de sa présence, et l'aimer comme elle est. Quand vous aurez cette conscience, vous pardonnerez à votre mère tout ce qu'elle vous a fait, selon votre histoire, bien sûr. Grâce au seul acte de pardon, votre relation avec votre mère changera complètement.

Une fois que je me fus aperçu que les gens créent et vivent leur propre histoire, pouvais-je les juger plus longtemps ? Comment aurais-je pu prendre quoi que ce soit personnellement, alors que je savais que je suis seulement un personnage secondaire dans leur histoire ? Je sais que quand ils me parlent, ils parlent en réalité au personnage secondaire de leur histoire. Et tout ce que les gens disent à mon sujet, est seulement une projection de leur *image* sur moi. Cela n'a rien à voir avec moi. Je ne perds pas mon temps à prendre quoi que ce soit personnellement. Je concentre mon attention sur la création de ma propre histoire.

Chacun a le droit de créer sa propre histoire de vie, pour s'exprimer artistiquement. Mais les personnages secondaires de notre histoire correspondent-ils aux images et aux rôles que nous créons pour eux ? Nous voulons que nos enfants soient comme nous voulons qu'ils soient. Mauvaise nouvelle ! C'est une chose qui n'arrivera jamais ! Et quand notre partenaire ne correspond pas à l'image que nous créons pour lui ou pour elle, nous sommes en colère, ou blessés. Alors, nous essayons de contrôler notre partenaire ; nous devons lui dire ce qu'il, ou elle, doit faire, ce qu'il, ou elle, ne doit pas faire, ce qu'il, ou elle, doit croire, ne pas croire. Nous disons même à notre partenaire comment marcher, comment s'habiller, comment parler. Nous faisons la même chose avec nos enfants, et cela devient une guerre de contrôle.

La vie dans ce corps physique est très brève, même si nous devons vivre cent ans. Quand je découvris cela, je décidai de ne pas perdre mon temps à créer des conflits, surtout avec ceux que j'aime. Je veux jouir de leur présence, et je fais cela en les aimant pour ce qu'ils sont, et non pour ce qu'ils croient. L'histoire qu'ils créent n'est pas importante. Il m'est égal que l'histoire de ma mère ne soit pas en accord avec mon histoire ; je l'aime, et je profite de sa présence. Je sais que je ne dois pas lui imposer mon histoire ; je n'impose mon histoire à personne. Je respecte son histoire. J'écoute son histoire, et je ne la contredis pas.

Si d'autres gens essaient d'écrire votre histoire, cela signifie qu'ils ne vous respectent pas. Ils ne vous respectent pas, parce qu'ils considèrent que vous n'êtes pas un bon artiste, que vous n'êtes pas capable d'écrire votre propre histoire. Le respect vient directement de l'amour ; c'est l'une des plus formidables expressions de l'amour.

Je me respecte aussi moi-même, et je ne laisse personne écrire mon histoire. Mon histoire est ma responsabilité ; c'est ma création. Je suis l'artiste, et je respecte mon propre art. Je peux comparer mon art avec celui des autres gens, mais je fais mes propres choix, et je prends la responsabilité de ma création. Quand je pris pour la première fois conscience de ce que je n'aimais pas mon histoire, je pensai : “ Très bien, je suis l'auteur. Je vais changer mon histoire. ” Et j'essayai et j'échouai. Et j'essayai encore, et j'échouai encore, encore et encore, parce que j'essayais de changer tous les personnages secondaires de mon histoire. Je pensais que si je changeais les personnages secondaires, je changeais mon histoire, et ce n'était pas vrai du tout !

Le problème n'est pas dans les personnages secondaires de l'histoire. Ce que nous voyons en eux est juste une projection de ce que nous croyons, et c'est un problème secondaire. Notre problème principal, c'est le personnage principal de l'histoire. Si nous n'aimons pas notre histoire, c'est parce que nous n'aimons pas ce que nous croyons au sujet du personnage principal. Il y a seulement une façon de changer notre histoire : Changer ce que nous croyons à notre propre sujet.

C'est une étape importante dans la prise de conscience. Si nous supprimons les mensonges que nous croyons à notre sujet, comme par magie, les mensonges que nous croyons au sujet des autres gens changeront. Puis les personnages secondaires de notre histoire changeront, mais cela ne signifie pas que nous remplaçons les personnes. Les personnages secondaires restent les mêmes ; ce qui change, c'est ce que nous *croyons* à leur sujet. Cela change ce que nous projetons sur eux, et avec ce changement, l'interaction que nous avons avec eux change. Et avec ce changement, la façon dont ils nous perçoivent change. Comme une vague qui se forme sur l'eau, nous nous changeons, et tout le reste change.

Vous seul pouvez changer votre histoire, et vous le faites en changeant vos relations avec vous-même. Chaque fois que vous changez le personnage principal dans votre histoire, comme par magie, toute l'histoire commence à changer, pour s'adapter au nouveau personnage principal. C'est facile à prouver, parce que le personnage principal change de toute façon, mais il change par lui-même, sans que vous en ayez conscience.

La façon dont vous percevez le monde quand vous avez huit ou neuf ans, n'est pas la même que celle qui prévaut quand vous en avez cinquante ou soixante. À vingt ans, votre perception change à nouveau. Vous voyez le monde différemment au début de votre vie de couple, ou après la naissance de votre premier enfant. Vous changez ce que vous *croyez* à votre sujet. Votre point de vue change, la façon dont vous vous exprimez change, et vos réactions changent. Tout change, et le changement peut être si important, qu'on dirait qu'il y a deux rêves différents, et deux personnes différentes.

Vous changez aussi les personnages secondaires de votre histoire. La façon dont vous voyez votre père et votre mère quand vous avez dix ans, change quand vous en avez vingt, et trente, et quarante, et elle change sans cesse. Chaque jour, vous récrivez l'histoire. Dès que vous vous éveillez, le matin, vous devez découvrir de quel jour il s'agit. Vous devez découvrir où vous êtes, et où l'histoire en était avant que vous ne vous endormiez, juste pour continuer l'histoire, pour continuer votre vie. Vous devez aller travailler, vous devez accomplir les activités que vous avez prévues pour ce jour, et vous continuez à écrire votre histoire, mais sans vous en rendre compte.

Tout ce qu'il y a dans votre histoire est en changement constant, y compris l'histoire que vous vous racontez au sujet de qui vous êtes. Il y a vingt ans, le conteur vous a dit qui vous étiez, et vous l'avez cru. Aujourd'hui, le conteur vous raconte une autre histoire à votre sujet, et elle est complètement différente. Naturellement, le conteur dira : " Oh ! C'est parce que j'ai plus d'expérience. Maintenant, j'en sais plus long ; maintenant, je suis plus sage. " C'est seulement une autre histoire. Toute votre vie a été une histoire.

Si vous parlez de quelque chose qui vous est arrivé au cours de votre enfance, votre père ou votre mère ou votre frère ou votre sœur, aura une histoire différente à ce sujet. C'est parce que nous ne partageons que le cadre du rêve. Si deux personnes se mettent à parler de ce qui est arrivé il y a vingt ans, on a l'impression qu'elles parlent de deux événements différents. Votre père prétend : " C'est ce qui est arrivé ; c'est la vérité. " Et vous dites : " Non, non, non ! Tu te trompes. Voici ce qui s'est réellement passé. " Qui a raison et qui a tort ? Vous avez tous deux raison, selon votre histoire.

Si cent personnes perçoivent le même événement, vous entendez cent histoires différentes, et chacun prétend que son histoire est l'histoire vraie. Bien sûr, c'est seulement vrai pour cette personne, et votre histoire est seulement vraie pour vous. Mais la voix de la connaissance commence à examiner tout ce qu'il y a dans votre mental, pour confirmer votre histoire. Vous cherchez même des alliés à l'extérieur, pour qu'ils vous rejoignent dans votre croisade, celle que vous entreprenez pour avoir raison, et confondre les autres personnages. Pourquoi essayer de justifier ce que l'on croit ? Vous n'avez pas besoin de donner tort aux autres parce que vous savez déjà que, dans leur histoire, ils ont raison. Dans votre histoire, vous avez raison. Alors, avoir raison, avoir tort, tout cela est révolu ; vous n'avez plus à défendre ce que vous croyez.

Quand nous atteignons ce niveau de conscience, il est plus facile de ne pas prendre à la lettre ce que les autres disent personnellement. Nous savons que tout être humain est un conteur, et que chacun déforme la vérité. Ce que nous partageons entre nous, c'est seulement notre perception ; c'est seulement notre point de vue. Et c'est complètement normal, parce que la seule chose que nous ayons, c'est notre point de vue. C'est pourquoi nous décrivons tout ce dont nous sommes témoins.

Notre point de vue dépend de notre programmation, qui est entièrement dans notre Arbre de la Connaissance personnel. Notre point de vue dépend aussi de la façon dont nous nous sentons, émotionnellement et physiquement, et il change d'un instant à l'autre. Il change quand nous sommes en colère, ou bouleversés, et il change encore quand nous sommes heureux. Notre perception change quand nous sommes fatigués ou affamés. Nous, humains, modifions constamment ce que nous disons, notre manière de réagir, ce que nous projetons. Nous modifions même ce que disent les autres !

Vous savez, la façon dont nous créons nos histoires est très intéressante. Nous avons tendance à déformer tout ce que nous percevons pour le faire correspondre avec ce que nous croyons *déjà* ; nous l'arrangeons, pour le faire cadrer avec nos mensonges. Notre façon de procéder est étonnante. Nous déformons l'image de chacun de nos enfants, nous déformons l'image de notre partenaire, et nous déformons l'image de nos parents. Nous déformons même l'image de notre chien ou de notre chat ! Des gens me disent : " Oh ! Mon chien m'a appris beaucoup de choses. Mon chien est presque humain. Maintenant, il parle presque. " Et ils le croient vraiment ! Combien de gens emmènent leur chien chez le psychologue pour animaux de compagnie, parce qu'il a vraiment beaucoup de problèmes ! Voyez-vous comment nous déformons notre histoire ? L'histoire a un fondement réel, parce que, c'est vrai, nous avons une connexion émotionnelle avec notre chien, mais il n'est pas vrai que notre chien parle presque, ou qu'il soit presque humain.

Quand nous parlons de nos enfants, nous disons : “ Mes enfants sont les meilleurs. Ils font ceci et ceci et cela. ” Une autre personne qui entend cela peut dire : “ Non, voyez plutôt les miens. ” En tant qu'artistes ayant notre style propre, nous avons le droit de déformer notre histoire, et c'est la meilleure chose que nous puissions faire, de toute façon. Cette déformation est notre point de vue, et, pour nous, elle a un sens. Nous projetons notre histoire, et en voyant cette distorsion, nous pouvons parfois revenir à notre vérité propre. Alors, qui peut dire que la déformation de notre histoire n'est pas de l'art ? C'est de l'art, et c'est beau.

Les humains sont les conteurs de Dieu. Il y a quelque chose qui existe à l'intérieur de nous tous, qui peut faire une interprétation de tout ce que nous percevons. Nous sommes comme des journalistes de Dieu, qui essaient d'expliquer ce qui se passe autour d'eux. C'est notre nature de confectionner des histoires, et c'est pourquoi nous créons des langages. C'est pourquoi toutes les religions créent de belles mythologies. Nous essayons d'exprimer ce que nous percevons et d'en faire part, et cette action a lieu tout le temps.

Quand nous rencontrons quelqu'un de nouveau, nous voulons connaître l'histoire de cette personne sur-le-champ. Nous posons toutes les questions clefs : " Que faites-vous ? Où vivez-vous ? Combien d'enfants avez-vous ? " Cette interrogation est double. Nous sommes pressés de dire notre point de vue à cette personne, d'exprimer ce que nous sentons, de faire part de notre histoire. Quand nous faisons l'expérience de quelque chose que nous aimons, nous voulons en parler à tout le monde. C'est pourquoi nous nous parlons tellement les uns aux autres. Même quand nous sommes seuls, nous avons besoin de faire part de notre histoire, et nous la partageons avec nous-mêmes. Nous voyons un beau coucher de soleil, et nous disons : " Oh ! Quel beau coucher de soleil ! " Personne n'écoute, à part nous, mais nous nous parlons à nous-mêmes.

Nous avons aussi besoin de connaître les histoires des autres gens, parce que nous aimons comparer les notes ; ou nous pouvons dire que, comme artistes, nous aimons comparer notre art. Nous voyons un film, nous l'aimons, et nous demandons à l'ami qui est venu avec nous : " Que penses-tu de ce film ? " Il se peut que notre ami ait un autre point de vue, et nous dise des choses, au sujet du film, que nous n'avons pas vues. Nous changeons bien vite d'opinion, et nous disons : " Oh ! Ce film n'est pas aussi bon que je le croyais. " Nous échangeons constamment des informations et nous modifions constamment notre histoire de cette façon. C'est ainsi que le rêve du genre humain évolue. Notre rêve personnel se mêle au rêve des autres rêveurs, et cela modifie le grand rêve de la société.

Vous rêvez l'histoire de votre vie, et je peux vous assurer que c'est un art. Votre art est celui de créer des histoires et de partager des histoires. Si je vous rencontrais aujourd'hui, je verrais le vrai 'vous' derrière votre histoire. Je vous verrais comme la force de vie créant de l'art au moyen de vous-même. Votre histoire pourrait être le meilleur scénario de film, parce que nous sommes tous des conteurs professionnels. Mais je sais que, quoi que vous me disiez, c'est juste une histoire. Je n'ai pas besoin de croire à votre histoire, mais je peux l'écouter, et l'apprécier ? Je peux aller au cinéma voir *Le Parrain*, ne pas y croire, mais l'apprécier, n'est-ce pas ?

Ce dont je vous fais part, c'est le processus personnel que j'ai suivi pour recouvrer ma liberté personnelle. Je suis reconnaissant de l'occasion qui m'est donnée de partager mon histoire, mais c'est juste une histoire, et c'est seulement vrai pour moi. Chaque fois que je fais part de cette histoire, c'est différent – c'est quelque chose de très intéressant. Je m'efforce de la déformer le moins possible, mais même ma propre histoire change. Malgré la déformation, si vous pouvez la comprendre, vous pouvez la comparer avec votre propre art.

Souvent, nous ne voyons pas notre propre création ; nous ne voyons pas nos propres mensonges. Mais parfois, dans le reflet de quelqu'un d'autre, nous pouvons voir notre propre magnificence. En faisant l'expérience de l'amour d'une autre personne, nous pouvons voir notre grandeur. D'un artiste à un autre, nous pouvons voir qu'il est possible d'améliorer notre art.

Une fois que nous avons conscience de notre propre histoire, nous nous apercevons que c'est une autre façon de créer le personnage principal. Sans conscience, il n'y a rien que nous puissions faire, parce que l'histoire est si puissante, qu'elle s'écrit elle-même. Nous créons l'histoire, nous donnons notre pouvoir personnel à l'histoire, et l'histoire vit notre vie. Mais avec la conscience, nous recouvrons le contrôle de notre histoire. C'est là la bonne nouvelle. Si nous n'aimons pas notre histoire, en tant qu'auteurs nous pouvons la changer.

Points à Méditer

- Vous êtes l'auteur d'une histoire continuelle que vous vous racontez à vous-même. Dans votre histoire, toute chose vous concerne, et il doit en être ainsi, parce que vous êtes le centre de votre perception. L'histoire est contée à partir de votre point de vue.

- Vous créez une image pour les personnages secondaires dans votre histoire, et vous leur assignez un rôle à jouer. La seule chose que vous savez au sujet des caractères secondaires, c'est l'histoire que vous créez à leur sujet. En vérité, vous ne connaissez personne, et personne ne vous connaît non plus.

- Le respect est l'une des expressions les plus merveilleuses de l'amour. Si d'autres gens essaient d'écrire votre histoire, cela signifie qu'ils ne vous respectent pas. Ils ne vous considèrent pas comme un bon artiste, capable d'écrire sa propre histoire, bien que vous soyez né pour écrire votre propre histoire.

- La seule façon de changer votre histoire, c'est de changer ce que vous croyez à votre propre sujet. Si vous ôtez les mensonges que vous croyez au sujet de vous-même, les mensonges que vous croyez au sujet des autres changeront. Chaque fois que vous changez le personnage principal de votre histoire, l'histoire entière change, pour s'adapter avec le nouveau personnage principal.

- Ne perdez pas de temps à prendre quoi que ce soit de façon personnelle. Quand des gens vous parlent, ils parlent en réalité au personnage secondaire de leur histoire. Tout ce que les gens vous disent à votre sujet, est juste une projection de l'*image* qu'ils ont de vous. Cela n'a rien à voir avec vous.

- Les êtres humains sont les conteurs de Dieu. Il est de notre nature de forger des histoires, d'interpréter tout ce que nous percevons. Sans conscience, nous donnons notre pouvoir personnel à l'histoire, et l'histoire s'écrit d'elle-même. Avec la conscience, nous recouvrons le contrôle de notre histoire. Nous voyons que nous en sommes les auteurs, et que, si nous ne l'aimons pas, nous pouvons la changer.

6

PAIX INTÉRIEURE

Dompter la voix avec deux règles

J'EXPLORAI DE PLUS EN PLUS TOUTE LA DYNAMIQUE DE l'histoire que les humains créent. Ce que j'ai découvert, c'est que l'histoire a une voix – une voix très forte, mais nous sommes les seuls à pouvoir l'entendre ; je l'appelle la *voix de la connaissance.* Cette voix est toujours là. Elle ne s'arrête jamais. Elle n'est pas réelle, mais nous l'entendons. Bien sûr, nous pouvons dire : " C'est moi qui parle ". Mais si vous êtes la voix qui parle, qui alors écoute ?

La voix de la connaissance peut aussi être appelée *le menteur qui vit dans votre tête.* Un bel Arbre de la Connaissance vit dans votre tête, et c'est la demeure de devinez qui ? – Le Prince des Mensonges. Oh oui ! Et c'est le problème, parce que la voix du menteur parle votre langue, mais votre intégrité, votre esprit, la vérité, n'a pas de langage. Vous connaissez juste la vérité ; vous la sentez. La voix de votre esprit essaie de se faire entendre, mais la voix du menteur est plus forte, et elle accroche votre attention presque tout le temps.

Vous entendez la voix – et pas seulement une voix, mais tout un *mitote* [réunion rituelle et chorégraphique nahuatl, fête de famille, ndt] comme mille voix retentissant à la fois. Et que vous disent ces voix ? “ Regarde-toi. Qui penses-tu être ? Tu n'y arriveras jamais. Tu n'es pas assez intelligent. À quoi bon essayer ? Personne ne me comprend. Que fait-il ? Que fait-elle ? Et s'il ne m'aime pas ? Je suis si seul. Personne ne veut être avec moi. Personne ne m'aime vraiment. Je me demande si ces gens ne parlent pas de moi. Que pensent-ils de moi ? Voyez l'injustice du monde. Comment puis-je être heureux, alors que des millions de personnes meurent de faim ? ”

La voix de la connaissance vous dit ce que vous êtes, et ce que vous n'êtes pas. Elle essaie toujours d'expliquer n'importe quoi. Je l'appelle *la voix de la connaissance* parce qu'elle vous dit tout ce que vous connaissez. Elle vous dit votre point de vue dans une conversation qui ne finit jamais. Pour beaucoup de gens, c'est même encore pire, parce que la voix ne se contente pas de débiter des non-sens ; elle juge et critique. Elle bavarde constamment dans votre tête, vous parlant de vous, et des gens qui vous entourent.

Cette voix a pour habitude de mentir, parce qu'elle est la voix de ce que vous avez appris, et vous avez appris tant de mensonges, surtout au sujet de vous-même. Vous ne pouvez voir le menteur, mais vous pouvez entendre la voix. La voix de la connaissance peut venir de votre tête, ou des gens qui vous entourent. Elle peut être votre propre opinion, ou l'opinion de quelqu'un d'autre, mais votre réaction émotionnelle à cette voix vous dit : “ On se moque de moi ”.

Chaque fois que nous nous jugeons, que nous nous trouvons coupables, et que nous nous punissons, c'est parce que la voix dans notre tête nous dit des mensonges. Chaque fois que nous avons un conflit avec notre père, notre mère, nos enfants, ou notre chéri, c'est parce que nous croyons à ces mensonges, et qu'ils y croient aussi. Mais ce n'est pas seulement cela. Quand nous croyons aux mensonges, nous ne pouvons pas voir la vérité ; aussi, nous faisons des milliers de suppositions, et nous les appelons “ vérité ”.

L'une des suppositions les plus importantes que nous faisons, c'est que les mensonges que nous croyons sont la vérité ! Par exemple, nous croyons que nous connaissons ce que nous sommes. Quand nous nous mettons en colère, nous disons : “ Oh ! Je suis comme ça. ” Quand nous sommes jaloux : “ Oh ! Je suis comme ça ! ” Quand nous haïssons : “ Oh ! Je suis comme ça ! ” Mais est-ce vrai ? Je n'en suis pas sûr. Je faisais la supposition que j'étais celui qui parlait, que j'étais celui qui disait toutes ces choses que je ne voulais pas dire. Ce fut une grosse surprise, quand je découvris que ce n'était pas moi ; c'était la façon dont j'avais appris à être. Et je pratiquai, encore et encore, jusqu'à ce que je maîtrise ce spectacle.

La voix qui dit : “ Je suis comme ça ”, est la voix de la connaissance. C'est la voix du menteur qui vit dans l'Arbre de la Connaissance qui se dresse dans votre tête. Les Toltèques considèrent cela comme une maladie mentale, très contagieuse, parce qu'elle se transmet d'humain à humain, au moyen de la connaissance. Les symptômes de la maladie sont la peur, la colère, la haine, la tristesse, la jalousie, le conflit, et la séparation entre humains. Ces mensonges contrôlent le rêve de votre vie. Je pense que c'est évident.

Mon grand-père me dit de la façon la plus simple : " Miguel, le conflit est entre la vérité, et ce qui n'est pas la vérité ", et ça n'avait rien d'inédit. Il y a deux mille ans, l'un des plus grands maîtres, du moins dans mon histoire, a dit : " Et vous connaîtrez la vérité, et la vérité vous libèrera ". Libèrera de quoi ? De tous ces mensonges. Particulièrement du menteur qui vit dans votre tête et qui vous parle tout le temps. Et nous appelons cela *penser* ! Je disais à mes apprentis : " Ce n'est pas parce que vous entendez une voix dans votre tête que cela signifie qu'elle dit la vérité. Ne croyez pas cette voix, et cette voix n'aura pas de pouvoir sur vous. "

Il y a un film qui illustre magnifiquement cela. Il est intitulé *A Beautiful Mind* [Un Bel Esprit]. Je me suis dit d'abord : " Oh ! Encore un film à la noix ! ", mais mon intérêt s'éveilla quand je réalisai que le personnage principal est un schizophrène. C'est un homme brillant, un génie, mais il voit des gens qui n'existent pas. Ces gens contrôlent sa vie parce qu'il écoute leurs opinions et suit tout ce qu'ils lui disent de faire. Ils lui mentent, et en écoutant ce qu'ils lui disent, il ruine sa vie. Il ne voit pas que ces gens sont des hallucinations, et sa femme le fait entrer dans un hôpital psychiatrique ; le diagnostic des psychiatres est “ schizophrénie ”, et on lui donne des médicaments. Les visions disparaissent, mais les médicaments ont des effets secondaires, et il décide de cesser de les prendre. Alors les visions reviennent, et il s'aperçoit qu'il est vrai que personne ne peut voir les gens qu'il perçoit. Maintenant, il doit faire un choix : retourner à l'hôpital, perdre son épouse, et reconnaître qu'il est mentalement malade, ou faire face aux visions, et les vaincre.

Quand il finit par prendre conscience que les gens qu'il voit ne sont pas réels, il prend une excellente décision. Il dit : “ Je n'y ferai pas attention. Je ne croirai pas ce qu'ils me diront. ” Le pouvoir que les visions ont sur lui se dissipe quand il n'y croit pas. Avec cette conscience, il trouve la paix, et au bout de nombreuses années de pratique de refus d'attention à ces entités, les visions ne lui parlent plus. Même s'il les voit encore, elles ne perdent pas leur temps à essayer de lui parler, parce qu'il ne les écoute plus.

Ce film est merveilleux, parce qu'il montre que si l'on ne croit pas la voix qu'on a dans la tête, elle perd le pouvoir qu'elle a sur soi, et l'on redevient authentique. La voix dans votre tête n'est pas réelle, mais elle gouverne votre vie, et elle est tyrannique. Une fois que cette voix accroche votre attention, elle vous fait faire tout ce qu'elle veut.

Combien de fois la voix vous a-t-elle fait dire *oui* quand en réalité vous vouliez dire *non* ? Ou au contraire – vous a-t-elle fait dire *non* quand vous vouliez en réalité dire *oui* ? Combien de fois la voix vous a-t-elle fait douter de ce que vous sentiez dans votre cœur ? Combien de fois avez-vous manqué des occasions de faire ce que vous vouliez vraiment, à cause de la peur – peur, qui était la réaction de la foi accordée à la voix dans votre tête ? Combien de fois avez-vous rompu avec quelqu'un que vous aimiez vraiment, juste parce que la voix de la connaissance vous disait de le faire ? Combien de fois avez-vous essayé de contrôler les gens que vous aimez, parce que vous avez suivi cette voix ? Combien de fois avez-vous été en proie à la colère et à la jalousie, ou avez-vous perdu votre contrôle, et blessé des gens que vous aimez vraiment, juste pour avoir cru cette voix ?

Vous pouvez voir ce que vous avez fait en suivant les instructions de la voix de la connaissance – en suivant les mensonges. Cette voix vous dit de faire tant de choses contre vous-même, comme les visions du personnage dans le film. La seule différence entre vous et cet homme, c'est que peut-être vous ne voyez pas les visions, mais vous entendez la voix. Elle est dominante, elle ne s'arrête jamais, et nous prétendons que nous jouissons d'une bonne santé mentale !

Il est évident que la voix de la connaissance est l'histoire parlant d'elle-même. Dès qu'une idée attire votre attention, votre histoire va dans cette direction. Puis elle vous emmène partout, sans direction. Chaque idée se répète, et il y a tellement d'idées dans votre tête, qui rivalisent pour attirer votre attention, que la voix change d'un instant à l'autre – boum, boum, boum !

Je compare la voix de la connaissance à un cheval sauvage qui vous emmène partout où il veut aller. Vous ne maîtrisez pas ce cheval. Mais si vous ne pouvez pas *arrêter* le cheval, vous pouvez au moins essayer de le *dompter*. Je dis à mes apprentis : “ Une fois que vous aurez appris à dompter le cheval, vous monterez dessus, et la pensée deviendra un instrument qui vous emmène là où vous *voulez* aller. Si vous ne croyez pas cette voix, elle devient de plus en plus calme, et elle vous parle de moins en moins, jusqu'à ce qu'elle cesse de s'adresser à vous. ”

Si vous devez vous parler à vous-même, pourquoi ne pas le faire amicalement ? Pourquoi ne pas vous dire combien vous êtes beau et merveilleux ? Alors, au moins vous avez quelqu'un avec qui parler quand vous êtes seul. Mais si la voix dans votre tête est désagréable et injurieuse, ce n'est pas amusant du tout. Si cette voix vous dit des mensonges, si elle vous explique pourquoi vous devez avoir honte de vous ou pourquoi votre bien-aimé ne vous aime pas, il est préférable de rester tranquille.

Si vous n'aimez pas quelqu'un, vous pouvez vous en éloigner. Si vous ne vous aimez pas, vous ne pouvez échapper à vous-même ; vous êtes avec vous-même, où que vous alliez. C'est pourquoi des gens essaient de s'étourdir avec de l'alcool ou des drogues. Ou bien ils mangent trop, ou jouent, pour oublier avec qui ils sont. Bien sûr, ça ne marche pas parce que le conteur juge tout ce que nous faisons, et cela ne mène qu'à plus de honte et de rejet de soi.

Il y a longtemps que j'ai cessé d'écouter la voix de la connaissance. Je me rappelle que je sortais et que je me disais : “ Oh, regarde les beaux nuages, les fleurs, mmm, elles sentent très bon ” – comme si je ne le savais pas ! Je ne fabrique plus des histoires pour moi-même. Je sais ce que je sais. Pourquoi me dire ce que je sais déjà ? Est-ce que ça a un sens ? C'est juste une habitude. Je ne perds pas mon temps et mon énergie à me parler à moi-même. Je n'ai plus cette voix continuelle dans ma tête, et je peux vous assurer que c'est merveilleux.

Vos n'avez pas besoin de dialogue intérieur ; vous pouvez connaître sans penser. Cela fait des milliers d'années que l'on connaît la valeur de la culture d'un mental silencieux. En Inde, les gens méditent et récitent des mantras pour arrêter le dialogue intérieur. Imaginez que vous soyez en un lieu où il y a un bruit constant – bzzz, bzzz, bzzz. Le moment vient où vous ne le remarquez plus. Vous savez que quelque chose vous ennuie, mais vous ne remarquez plus ce que c'est. Quand le bruit cesse, vous remarquez le silence, et ressentez un soulagement, “ Ahhh... ” Quand la voix dans votre tête cesse de parler, vous ressentez quelque chose comme ça. J'appelle cela la *paix intérieure.*

Quand je faisais part de cela à mes apprentis, ils comprenaient ce que je leur disais. Ils répondaient ; “ Nous savons que la voix de la connaissance vit dans notre tête, et nous savons que c'est une menteuse, mais comment la faire cesser de nous parler ? Pouvez-vous nous aider encore un peu ? ” À cette époque, j'avais déjà triomphé de la voix, et j'étais totalement en paix. Je dis : “ Très bien, je vais vous donner deux règles simples. Si vous les suivez, il y a une chance que vous domptiez la voix ou même que vous l'emportiez sur le menteur. »

La solution, pour dompter le menteur, c'est de cesser de *croire* ce qu'il vous raconte. Qu'arrive-t-il quand quelqu'un vous dit un mensonge, et que vous savez que c'est un mensonge ? Cela ne vous affecte pas parce que vous n'*ajoutez pas foi* au mensonge. Si vous n'y croyez pas, le mensonge ne peut survivre à l'épreuve de votre scepticisme, et boum ! Il disparaît. Simple. Mais dans cette simplicité, il y a aussi un grand défi. Pourquoi ? Parce que croire à vos propres mensonges vous donne une impression de sécurité, et croire aux mensonges des autres gens est très tentant. Quand vous serez prêt à relever le défi, les deux règles suivantes accélèreront le processus de purification de votre système de croyance, qui est tout ce qu'il y a dans votre Arbre de la Connaissance personnel.

Règle numéro un : *Ne vous croyez pas vous-même.* Mais gardez votre esprit ouvert. Gardez votre cœur ouvert. Écoutez-vous vous-même, écoutez votre histoire, mais ne la *croyez* pas parce que maintenant vous savez que l'histoire que vous écrivez est une fiction. Elle n'est pas réelle. Quand vous entendez la voix dans votre tête, ne le prenez pas personnellement. Vous savez que la connaissance a pour habitude de vous mentir. Écoutez, et demandez si elle dit la vérité ou non. Si vous ne croyez pas à vos propres mensonges, ils ne survivront pas, et vous pouvez faire de meilleurs choix, fondés sur la vérité.

Ne vous croyez pas vous-même, mais apprenez à écouter parce que, parfois, la voix de la connaissance peut avoir une idée brillante, et si vous êtes d'accord avec elle, prenez-la. Ce peut être un moment d'inspiration qui permet de saisir une importante occasion. Respectez votre histoire, et apprenez à écoutez *vraiment.* Quand vous écoutez votre histoire, la communication avec vous-même s'améliorera à 100 %. Vous verrez votre histoire avec clarté, et si vous n'aimez pas l'histoire, vous pouvez la changer.

Ne vous croyez pas vous-même surtout quand vous utilisez la voix contre vous-même. La voix peut vous inspirer la peur d'être vivant, d'exprimer qui vous êtes vraiment. Elle peut vous empêcher de réaliser ce que vous voulez vraiment faire de votre vie. Cela fait tant d'années que cette voix gouverne votre vie, qu'elle ne partira pas juste parce que vous le lui demandez. Mais, au moins, vous pouvez défier cette voix en ne croyant pas ce qu'elle vous dit. C'est pourquoi je dis : “ Ne vous croyez pas vous-même ”.

Règle numéro deux : *Ne croyez personne.* Moi y compris, pour cette raison même. Vous savez que si vous vous mentez, d'autres gens sûrement se mentent aussi à eux-mêmes. Et s'ils se mentent à eux-mêmes, ils vous mentiront sûrement à vous aussi. Quand les gens vous parlent, qui parle à travers eux ? Qui dicte ce qu'ils disent ? Vous ne savez pas si ce qu'ils disent vient de leur cœur ou du Prince des Mensonges, qui vit dans leur tête. Vous ne savez pas, donc, ne croyez pas. Mais apprenez à écouter sans juger. Vous n'avez pas à juger les gens parce qu'ils mentent. Combien de fois avez-vous entendu dire : “ Oh ! C'est un menteur pathologique ”, alors que, en réalité, chacun est possédé par le Prince des Mensonges ? Il y a des mensonges partout. Les gens mentent toujours, et quand ils n'ont pas de conscience, ils ne le savent même pas. Parfois, ils croient vraiment que ce qu'ils disent est vrai. Et ils peuvent réellement le *croire*, mais ça ne signifie pas que c'est vrai.

Ne croyez personne, mais cela ne signifie pas que vous deviez fermer votre esprit et votre cœur. Écoutez les autres raconter leur histoire. Vous savez que c'est juste une histoire, et que c'est uniquement vrai pour eux. Quand vous écoutez, vous pouvez comprendre leur histoire ; vous pouvez voir d'où les gens viennent, et la communication peut être merveilleuse. D'autres personnes ont besoin d'exprimer leur histoire, de projeter ce qu'elles croient, mais vous n'êtes pas obligé d'être d'accord avec ce qu'elles disent. *Ne croyez pas*, mais apprenez à écouter. Même si c'est juste une histoire, parfois, les mots qui viennent d'autres conteurs, viennent de leur intégrité. Quand cela se produit, votre propre intégrité le reconnaît tout de suite, et vous êtes en accord avec ce qu'ils disent. Leur voix va directement à votre esprit, et vous sentez que vous savez déjà que ce qu'ils vous disent est la vérité.

Ne croyez personne, mais écoutez, parce que parfois un moment d'inspiration ou de chance à saisir, vient de la voix de quelqu'un. La façon dont les gens créent leurs histoires peut refléter la façon dont vous créez la vôtre, et quand elles sont exposées, vous pouvez voir comment ils ajoutent foi aux mensonges. Vous pouvez alors voir les mensonges directement, alors que vous pourriez ne pas les voir en vous-même. En écoutant leur histoire, vous pouvez reconnaître la vérité au sujet de quelque chose que vous faites tout le temps, et voir aussi que la vérité peut changer votre propre histoire. Écoutez leur histoire, mais *n'y croyez pas*. C'est la clef.

Si d'autres gens vous disent : " Regarde comment tu es habillé ! ", cette remarque ne gâche pas votre journée. Vous écoutez leur histoire, mais vous *n'y croyez pas*. Vous pouvez décider si c'est vrai ou non selon votre histoire, mais vous n'avez plus de réaction émotionnelle. Si vous décidez que c'est vrai, vous pouvez changer de vêtements, et il n'y a plus de problème. C'est quelque chose de simple qui arrive tout le temps. Les gens constamment expriment leur point de vue, et nous pouvons le leur demander, mais *sans y croire.*

Quand les gens vous parlent de vous-même, vous savez maintenant qu'ils vous parlent d'un personnage secondaire de leur histoire, qui vous représente. Ils parlent d'une *image* qu'ils créent pour vous. Vous savez qu'elle n'a aucun rapport avec vous. Mais si vous acceptez, si vous *croyez* ce qu'ils disent, leur histoire devient une partie de votre histoire. Si vous la prenez personnellement, elle modifie votre histoire. Si vous n'en faites pas une affaire personnelle, les opinions des autres ne vous affectent pas comme elles le faisaient auparavant, et vous avez plus de patience avec les gens. Cela vous aide à éviter beaucoup de conflits.

Si vous observez ces deux règles – *ne vous croyez pas vous-même* et *ne croyez personne* – tous les mensonges qui viennent de la voix de la conscience ne survivront pas à votre scepticisme. Être sceptique, ce n'est pas être critique ; ce n'est pas affirmer que vous êtes plus intelligent que les autres. Simplement vous ne croyez pas, et ce qui est vrai deviendra évident. C'est très intéressant, parce que la vérité survit à votre scepticisme même si vous le lui appliquez. C'est la beauté de la vérité. La vérité n'a pas besoin que quelqu'un y croie. La vérité est toujours la vérité, que vous y croyiez ou non. Pouvons-nous dire la même chose au sujet des mensonges ? Non, les mensonges n'existent que parce que nous y croyons. Si nous ne croyons pas aux mensonges, ils disparaissent tout simplement.

Chaque jour le soleil est dans le ciel, que nous y croyions ou non. La terre est ronde, même si tout le monde croit qu'elle est plate. Il y a des centaines d'années, on croyait généralement à ce mensonge. On jurait que la terre était plate, qu'elle était le centre de l'univers, et que le soleil tournait autour. Les gens croyaient vraiment cela ; ils n'en doutaient pas. Mais le fait qu'ils y croient, rendait-il le mensonge vrai ? Non, mais croire à ces mensonges leur donnait un sentiment de sécurité.

Les humains croient à beaucoup de mensonges. Certains de ces mensonges sont si subtils et convaincants que nous fondons dessus notre entière vérité virtuelle, sans même nous apercevoir que ce sont des mensonges. Les mensonges que nous croyons à notre sujet peuvent être difficiles à voir, parce que nous y sommes si habitués qu'ils semblent normaux.

Par exemple, si vous croyez le mensonge commun , “ je ne suis pas digne de cela ”, ce mensonge vit dans votre mental parce que vous y croyez. Vous ne croyez pas les gens qui vous disent que vous êtes formidable, parce que vous croyez le contraire. Votre foi est déjà investie dans une croyance qui n'est pas la vérité ; c'est un mensonge, mais votre foi guide vos actions. En ne vous sentant pas digne, comment vous exprimez-vous avec les autres ? Vous êtes timide. Comment pouvez-vous demander quelque chose alors que vous ne croyez pas en être digne ? Ce que vous croyez à votre sujet, est ce que vous projetez sur les autres et c'est ce que les autres croient à votre sujet. Bien sûr, la façon dont ils vous traitent, ne fait que renforcer votre croyance en ce que vous n'êtes pas digne de cela. Et quelle est la vérité ? La vérité est que vous en êtes digne ; tout le monde en est digne.

Si vous croyez au mensonge que vous ne pouvez parler en public, ce *sera le cas.* Quand vous essayez de parler en public, vous avez peur. Le seul moyen de mettre un terme à votre foi en cette convention, c'est d'agir, et de le faire. Vous prouvez alors que c'est un mensonge, et vous n'avez plus peur.

Si vous croyez que vous ne pouvez avoir de relation amoureuse durable, *ce sera le cas.* Si vous pensez que vous ne méritez pas l'amour, même si l'amour est devant vous, vous ne le prenez pas, parce que vous y êtes aveugle. Vous ne voyez que ce que vous voulez voir, et vous entendez seulement ce que vous voulez entendre. Tout ce que vous percevez est juste un soutien supplémentaire pour vos mensonges.

Si vous comprenez ces exemples, vous pouvez imaginer alors le nombre de mensonges auxquels vous croyez, à votre sujet, et au sujet de vos parents, de vos enfants, de vos sœurs et de vos frères, ou de votre partenaire. Chaque fois que vous les jugez, vous donnez la parole aux fausses croyances qui sont dans votre propre Arbre de la Connaissance. Vous donnez votre pouvoir à ces mensonges, et quel est le résultat ? Colère ou jalousie ou même haine. Vous accumulez alors tout ce poison émotionnel, et le moment vient où vous perdez le contrôle, et où vous dites quelque chose que vous ne vouliez pas dire.

Pouvez-vous voir le pouvoir de ce dont je vous fais part ? Vous pouvez changer votre vie en refusant de croire à vos propres mensonges. Vous pouvez commencer avec les principaux mensonges qui limitent l'expression de votre bonheur, et de votre amour. Si vous ôtez votre foi de ces mensonges, ils perdent le pouvoir qu'ils exercent sur vous. Vous pouvez alors recouvrer votre foi et l'investir dans des croyances différentes. Si vous cessez de croire aux mensonges, tout dans votre vie change, comme par magie.

Il y a un passage de l'*Iliade*, d'Homère, que j'aime vraiment : “ Nous, les dieux, vivrons tant que les humains croiront en nous. Le jour où les humains ne croiront plus en nous, tous les dieux disparaîtront. ” C'est beau. Dans l'Antiquité, les dieux grecs étaient adorés par des centaines de milliers de personnes ; aujourd'hui, ce sont juste des légendes. Quand nous ne croyons pas aux mensonges, ils disparaissent, et la vérité devient évidente.

Beaucoup de mensonges nous asservissent, mais une seule chose peut nous délivrer, c'est la vérité. Seule la vérité peut nous libérer de la peur, du drame, et du conflit qui divise notre vie. C'est la vérité absolue, et je ne peux le dire plus simplement.

POINTS À MÉDITER

- Ce que vous appelez *penser* est la voix de la connaissance fabriquant des histoires, vous disant ce que vous connaissez, et essayant d'expliquer tout ce que nous ne connaissez pas. Le problème est que la voix vous fait faire beaucoup de choses contre vous-même.

- La voix dans votre tête est comme un cheval sauvage qui vous emmène où il veut aller. Une fois que vous avez dompté le cheval, vous pouvez le monter, et la connaissance devient un instrument pour la communication qui vous emmène où vous voulez.

- Vous n'avez pas besoin de dialogue intérieur ; vous pouvez connaître sans penser. Vous pouvez percevoir avec vos sentiments. Pourquoi gaspiller de l'énergie à vous dire à vous-même ce que vous savez déjà ou vous inquiéter au sujet de ce que vous ne savez pas ? Quand la voix dans votre tête finit par cesser de parler, vous faites l'expérience de la *paix intérieure.*

- Pour dompter le menteur dans votre tête, il faut *cesser de croire* ce qu'il vous dit. Si vous suivez deux règles – *ne vous croyez pas vous-même* et *ne croyez en personne* – tous les mensonges auxquels vous croyez ne survivront pas à votre scepticisme et disparaîtront simplement.

- La vérité survit à notre doute, mais il en va différemment pour les mensonges. Les mensonges ne peuvent survivre que si nous y croyons. La vérité reste la vérité, que nous y croyions ou non. C'est la beauté de la vérité.

- La voix de la connaissance gouverne votre vie, et c'est un tyran. Si vous refusez d'obéir à cette voix, elle se calme de plus en plus, et vous parle de moins en moins, jusqu'à ce qu'elle ne vous contrôle plus. Quand la voix perd son pouvoir sur vous, les mensonges ne gouvernent plus votre vie, et vous redevenez authentique.

7

Les Émotions sont Réelles

La voix de la connaissance n'est pas réelle

Avant que vous n'appreniez à parler, votre cerveau est comme un ordinateur parfait, mais sans programme. Quand vous naissez, vous ne connaissez pas de langage. Il faut plusieurs années au cerveau pour être suffisamment mûr pour recevoir un programme. Le programme vous est alors présenté, principalement par vos parents, ainsi que d'autres gens autour de vous. Ils attirent votre attention et vous enseignent le sens des mots. Vous apprenez à parler, et le programme entre en vous petit à petit, de façon consensuelle. Vous acceptez, et vous avez maintenant le programme.

Si vous êtes l'ordinateur, la connaissance est le programme. Tout ce que vous connaissez, toute la connaissance qui est dans votre tête, était déjà dans le programme avant votre naissance. Je peux vous assurer que personne n'a jamais d'idée originale. Chaque lettre, chaque mot, chaque concept, de votre système de croyance, fait partie du programme, et ce programme est contaminé par un virus appelé *mensonges.*

Il n'est pas besoin de juger le programme, de le qualifier de bon ou de mauvais, ou de juste ou de faux. Même si vous n'aimez pas le programme, personne n'est coupable de nous en avoir fait part. C'est juste ainsi, et c'est merveilleux, parce que nous utilisons le programme pour créer nos histoires. Mais qui dirige notre vie ? Le programme ! Le programme a une voix, et il nous ment tout le temps.

Comment pouvons-nous savoir ce qu'est la vérité alors que presque tout ce que nous avons appris est un mensonge ? Comment pouvons-nous reconnaître ce qui est réel en nous ? Il m'a fallu du temps pour trouver, mais j'ai trouvé. Nos émotions sont réelles. Chaque émotion que nous ressentons est réelle, est la vérité, *est.* Je me suis aperçu que chaque émotion vient de notre esprit, de notre intégrité ; elle est complètement authentique.

Vous ne pouvez truquer ce que vous ressentez. Vous pouvez essayer de refouler vos émotions, vous pouvez essayer de justifier ce que vous ressentez, ou mentir à son sujet, mais ce que vous ressentez est authentique. C'est réel, et vous le sentez. Il n'y a rien de faux dans tout ce que vous ressentez. Il n'y a pas de bonnes ou de mauvaises émotions ; il n'y a rien de faux avec la colère ou la jalousie ou l'envie. Même si vous ressentez de la colère, elle vient de votre intégrité. Même si c'est de tristesse ou de dépression que vous souffrez, il y a toujours une raison pour que vous ressentiez cela.

J'ai découvert quelque chose de très intéressant au sujet du mental humain, quelque chose de logique, et qu'il importe de comprendre. Tout ce que vous percevez cause une réaction émotionnelle – *tout.* Si vous percevez la beauté, votre réaction émotionnelle est merveilleuse ; vous vous sentez très bien. Quand vous êtes blessé, votre réaction émotionnelle n'est pas si agréable. Mais vous ne percevez pas juste le monde extérieur ; vous percevez le monde virtuel que vous créez dans votre tête. Vous percevez non seulement vos sentiments, mais aussi votre connaissance – vos propres pensées, jugements, et croyances. Vous percevez la voix dans votre tête, et vous avez une réaction émotionnelle à cette voix.

Maintenant la question est la suivante : Que vous dit la voix qui est dans votre tête ? Combien de fois vous a-t-elle dit : “ Bon dieu, que je suis stupide, comment pourrais-je faire cela ? Je n'apprendrai jamais ! ” La voix de la connaissance vous juge, vous percevez le jugement, et vous avez une réaction émotionnelle. Vous ressentez la honte ; vous ressentez la culpabilité. L'émotion est vraie, mais ce qui cause l'émotion, qui est la croyance que vous êtes stupide, n'est pas vrai ; c'est une histoire. C'est juste une action-réaction. Qu'est-ce que l'action ? L'action est la perception de votre point de vue, ce qui signifie la perception de votre propre jugement. Qu'est-ce que la réaction ? Vos sentiments sont la réaction, et vous réagissez aux mensonges avec un poison émotionnel.

Voyons si nous pouvons comprendre cela un peu mieux. Imaginez que vous ayez un chien. Comme vous savez, le chien est juste un chien, et c'est un chien parfait, n'est-ce pas ? Mais que se passe-t-il, si vous maltraitez le chien ? Si, chaque fois que vous voyez le chien, vous lui donnez un coup de pied ? Très vite, le chien prendra peur. Vous pouvez voir les émotions venir du chien. Il est en colère : il pourrait essayer de vous mordre ou de se sauver. Y a-t-il quelque chose de mal dans les émotions du chien ? La colère du chien le rend-il mauvais ? Non, la réaction du chien est juste le résultat du fait qu'on le maltraite. L'émotion aide le chien à se défendre. Elle vient de l'intégrité du chien.

Maintenant, imaginez un chien qui vit dans le plus bel environnement, avec des gens qui aiment et respectent toujours le chien. Ce chien est l'animal le plus doux qui soit au monde, le chien le plus merveilleux. Parce que le chien n'est pas maltraité, il suit sa nature ; il aime quiconque l'aime. Or, votre corps physique est comme le chien. Il réagit émotionnellement de la même façon. Pourquoi réagissez-vous avec colère ? Parce que quelqu'un vous a frappé, n'est-ce pas ? Mais qui vous a frappé ? La voix dans votre tête, le personnage principal de votre histoire – ce que vous *croyez* être.

Vous percevez aussi votre image de perfection, ce que vous croyez ne pas être, et cela crée aussi une réaction émotionnelle. Comment vous sentez-vous, quand vous ne pouvez pas concorder avec cette image ? L'émotion n'est pas agréable, mais votre réaction émotionnelle est réelle ; c'est ce que vous sentez. Mais est-il vrai que vous ayez besoin de correspondre à cette image ? Non, c'est un mensonge. Ce que vous percevez, c'est juste un mensonge, que vous avez accepté de croire. Vous avez accepté, et ce mensonge est devenu une partie de votre histoire.

Les humains sont victimisés par la connaissance, par ce que nous *connaissons.* Si nous commettons une faute devant quelqu'un, nous essayons de la justifier pour protéger l'image que nous projetons. Ensuite, quand nous sommes seuls, nous nous rappelons ce qui est arrivé, et nous nous punissons encore et encore. Pourquoi ? Parce que la voix de la connaissance continue de nous dire ce que nous avons fait du même point de vue que nous avions quand nous l'avons commis. La voix devient un puissant juge, et elle nous dit : “ Regarde ce que tu as fait ! ” Et elle dit cela à qui ? C'était la voix qui nous l'avait fait commettre !

La voix de la connaissance insulte et maltraite le corps émotionnel. Ce qui n'est pas réel maltraite ce qui est réel. L'action, c'est de croire un mensonge ; la réaction, c'est de sentir la souffrance émotionnelle. Le corps émotionnel perçoit la voix, réagit à la voix, et, comme un tigre, attaque. Nous perdons le contrôle, et nous faisons des choses et disons des choses que nous ne voulons pas faire ni dire. La voix de la connaissance a peur de nos réactions émotionnelles ; elle juge notre réaction, et nous inspire la honte de nos sentiments.

Alors, nous percevons l'émotion de la honte, et nous utilisons la connaissance pour justifier l'émotion, ce qui signifie que la voix de la connaissance parle de ce que nous ressentons. La voix essaie de mentir au sujet de nos sentiments et essaie même de nier ce que nous sentons. Puis nous percevons cette voix, nous percevons le jugement, et nous avons une autre réaction émotionnelle. Maintenant, nous avons un sentiment de culpabilité, parce que nous avons réagi émotionnellement. Alors, la connaissance essaie d'expliquer l'émotion de culpabilité. La souffrance émotionnelle augmente, et maintenant, nous sommes déprimés. Pouvez-vous voir le cycle ?

La voix de la connaissance fait une histoire au sujet de nos émotions, nous percevons l'histoire, et nous essayons de refouler nos émotions. La perception de ce refoulement crée une autre réaction émotionnelle, et nous ne tardons pas à vouloir refouler tout ce que nous sentons. " Quel genre d'homme êtes-vous ? Êtes-vous une mauviette ou quoi ? Les vrais hommes ne pleurent pas. " Nous prétendons que ça ne fait pas mal. Mais ça fait mal parce que nous faisons une histoire, percevons l'histoire, et puisons plus d'émotions dans l'histoire.

Pourquoi haïssons-nous ? Parce que quelqu'un nous fait du mal. C'est pour cela, que nous haïssons. Pourquoi souffrons-nous ? Parce que quelque chose nous fait mal. C'est pourquoi nous souffrons. C'est une réaction normale, quand on est blessé. Mais qu'est-ce qui nous blesse ? La réponse est facile. Ce qui nous blesse, c'est la voix du menteur dans notre tête, qui continue de nous dire ce que nous *devons* être, mais que nous ne sommes pas. La haine, la colère et la jalousie, sont des réactions émotionnelles normales qui viennent de ce qui est réel, ce qui signifie qu'elles viennent de notre intégrité, et non de ce que nous prétendons être.

C'est pourquoi il n'y a rien de mal à haïr. Si nous ressentons de la haine, c'est que la voix de la connaissance qui parle dans notre tête nous fait haïr. La haine est totalement normale ; c'est juste une réaction à ce que nous croyons. Si nous changeons la croyance, la haine se transforme en amour. Toutes nos émotions changent quand nous ne croyons plus la voix parce que les émotions sont l'effet, pas la cause. La souffrance émotionnelle est un symptôme de maltraitance ; la souffrance nous fait savoir que nous devons faire quelque chose pour faire cesser les sévices.

Pourquoi nous fait-on du mal? Parce que nous le permettons, parce que dans notre jugement, nous croyons que nous méritons d'être maltraités. Mais si nous allons un peu plus profond, nous voyons que nous nous faisons beaucoup plus de mal que n'importe qui d'autre. Nous pouvons faire des reproches aux gens qui nous font du mal et disent : " J'ai été maltraité dans mon enfance ", et nous pouvons leur trouver beaucoup d'excuses. Mais en ce moment, qui vous fait du mal ? Si vous êtes sincère, vous vous apercevez que c'est surtout votre propre voix de connaissance.

Chaque fois que nous nous mentons à nous-mêmes, nous nous maltraitons. Chaque fois que nous nous maudissons, nous nous faisons du mal. Chaque fois que nous nous critiquons, chaque fois que nous nous rejetons, nous avons bien sûr une réaction émotionnelle, et elle n'est pas agréable ! Encore une fois, si nous n'aimons pas la réaction émotionnelle, il ne s'agit pas de refouler ce que nous ressentons ; il s'agit de nous débarrasser des mensonges qui provoquent la réaction émotionnelle.

Le message venant dans notre intégrité est clair. La voix de l'intégrité nous crie : " S'il vous plaît, sauvez-moi ! " Cela me rappelle le film *l'Exorciste*, l'histoire de la petite fille possédée par des démons. Il y a une petite fille en nous qui dit : “ Aidez-moi ! Je suis possédée par le personnage principal de mon histoire ! ” Oh, mon dieu – et c'est vrai ! Les humains sont possédés par la connaissance. Nous sommes possédés par une image déformée de nous-mêmes, et c'est pourquoi nous ne sommes plus libres. N'entendons-nous pas souvent quelqu'un dire : “ Si le moi véritable vient à sortir, je ne sais pas ce qui va se passer ” ? Nous avons peur que quelque chose à l'intérieur de nous ne sorte pour tout détruire. Et, savez-vous, c'est vrai. Si le vous véritable émerge, il détruira tous les mensonges, et c'est effrayant.

J'étais possédé par le personnage principal de mon histoire. Je fus maltraité par ce personnage pendant très longtemps, mais je prétendais m'aimer. Quelle plaisanterie ! Et pire encore, je prétendais aimer quelqu'un d'autre. Comment pouvais-je aimer quelqu'un d'autre, alors que je ne m'aimais pas moi-même ? Je ne peux donner aux autres que ce dont je dispose.

Des gens m'ont demandé : “ Miguel, pourquoi ne puis-je pas ressentir d'amour ? Comment puis-je apprendre à créer de l'amour ? ” J'ai réfléchi à cela. Hmm… Créer de l'amour ? Alors une petite idée me vint à l'esprit. Nous n'avons pas besoin d'apprendre à aimer. Par nature, nous aimons. Avant d'apprendre à parler, l'amour est la principale émotion que nous ressentons. Il est naturel d'exprimer notre amour, mais ensuite nous apprenons à refouler notre amour. Et je leur dis : “ Vous n'avez pas besoin de créer de l'amour. Votre cœur est fait pour produire tellement d'amour, que vous pouvez en envoyer dans le monde entier. Si vous ne pouvez ressentir d'amour, c'est parce que vous lui résistez ; c'est parce que vous avez appris à arrêter d'exprimer votre amour. ”

Quand nous sommes petits, et que les enfants et les gens nous disent que nous ne devrions pas être comme nous sommes, nous commençons à refouler l'expression de notre soi authentique. Nous refoulons notre intégrité, notre corps émotionnel. Nous apprenons à cacher nos émotions, et nous prétendons que nous ne les ressentons pas. Quand nous avons honte de nos émotions, nous commençons à les justifier et à les expliquer et à les juger. Nous croyons en tant de mensonges, que nous n'exprimons plus la belle émotion de l'amour.

La voix de la connaissance nous dit : “ Il est dangereux d'aimer. J'ai peur d'aimer parce que l'amour me rend vulnérable. Si j'aime, mon cœur sera brisé. ” Autant de mensonges. Ce n'est pas la vérité, mais la connaissance vous dit : " Bien sûr, c'est vrai, j'ai beaucoup d'expérience à ce sujet. Chaque fois que j'aime, mon cœur est brisé. " Ce n'est pas vrai, parce que personne ne vous brise le cœur si vous vous aimez vous-même. Si votre cœur a été brisé dans le passé, c'est à cause des mensonges que vous avez crus au sujet de l'amour. L'amour vous rend fort ; l'égoïsme vous rend faible. L'amour ne fait jamais de mal. Ce qui fait du mal, c'est la peur ; c'est l'égoïsme, et le contrôle, qui viennent des mensonges auxquels vous croyez. Si vous ne croyez plus aux mensonges, automatiquement, l'amour commence à émerger.

Après mon expérience dans le désert, il fut clair pour moi que chaque émotion que je ressens, vient directement de mon intégrité. Quand j'eus pris conscience de cela, je ne refoulai plus mes émotions. Maintenant, mes émotions sont la partie la plus importante de mon histoire, parce que je sais que mes sentiments sont authentiques. Quand je ressens une émotion, je sais que c'est une réaction à ce que je perçois. Mes émotions me disent comment je me comporte dans ma vie, et en suivant mes émotions, je peux changer les circonstances qui m'entourent.

Quel que soit le sentiment – de la joie à la colère, de l'amour à la haine – c'est juste une réaction. Mais, puisque ré-action il y a, il importe de considérer l'action. Si je ne suis pas heureux, c'est parce qu'il y a quelque chose dans mon histoire qui réprime mon bonheur. Je dois alors prendre du recul, et voir ce qui en est la cause. Si ma conscience est éveillée, je peux faire face au problème, le " fixer ", et être heureux à nouveau. Dès qu'un problème apparaît dans ma vie, je le résous d'une façon ou d'une autre, sans même tenter d'en faire une histoire.

L'univers est simple : c'est une affaire de cause et d'effet, d'action et de réaction. Si vous n'aimez pas la façon dont vous menez votre vie, c'est une réaction au programme qui gouverne votre vie. Le menteur, le programme, ne fait pas même partie de vous, mais, en même temps, il fait partie de vous parce que c'est la façon dont vous vous identifiez. Le programme crée l'histoire, puis il essaie de donner un sens à l'histoire en expliquant et justifiant tout au personnage principal de l'histoire. Quelle machination ! Les humains créent toute une culture, toute une philosophie de l'humanité. Nous créons l'histoire, la science, l'art, les Jeux olympiques,

Miss Univers. C'est notre création, et c'est beau et merveilleux, mais c'est juste une *histoire* !

Le personnage principal de votre histoire, c'est vous, mais le rôle que vous jouez n'est pas vous. Vous jouez ce rôle depuis si longtemps que vous le maîtrisez parfaitement. Vous êtes devenu le meilleur acteur du monde, mais je peux vous assurer que vous n'êtes pas ce que vous croyez être. C'est heureux, parce que vous êtes beaucoup mieux que ce que vous croyez être.

Je me souviens d'avoir entendu mon grand-père me dire : “ Miguel, tu sauras que tu es libre quand tu ne devras plus être toi. ” Sur le moment, je ne le compris pas, mais, plus tard, je sus exactement ce qu'il voulait dire. Je ne suis pas obligé d'être de la façon dont tout le monde veut que je sois. Je n'ai pas besoin d'être ce que je crois. *Je dois être* selon mes propres mensonges.

Votre histoire est votre création. Vous êtes l'artiste avec la force de vie s'écoulant à travers vous, circulant en vous. Si vous n'aimez pas votre art, vous avez le pouvoir de le changer. C'est la bonne nouvelle. Vous n'êtes plus obligé d'être vous, et c'est la liberté maximum. Vous n'êtes pas obligé d'être ce que vous *croyez* être. Vous n'êtes pas obligé d'être cette colère ou cette jalousie ou cette haine. Vous pouvez recouvrer le sentiment de ce que vous êtes vraiment, retourner au paradis, et vivre à nouveau dans le paradis sur terre.

Points à Méditer

- Chaque émotion que vous ressentez est réelle. C'est la vérité. Elle vient directement de l'intégrité de votre esprit. Vous ne pouvez truquer ce que vous ressentez. Vous pouvez essayer de justifier ou refouler vos émotions, vous pouvez essayer de mentir au sujet de ce que vous sentez, mais ce que vous sentez est authentique.

- La voix de la connaissance peut vous inspirer la honte de vos sentiments, mais il n'y a rien de mal dans quoi que vous sentiez. Il n'y a pas d'émotions bonnes ou d'émotions mauvaises. Même si ce que vous ressentez est la colère ou la haine, cela vient de votre intégrité. Si vous ressentez cela, il y a une raison.

- Tout ce que vous percevez cause une réaction émotionnelle. Vous percevez non seulement vos sentiments, mais votre connaissance – vos propres pensées, jugements, et croyances. Vous percevez la voix dans votre tête, et vous avez une réaction émotionnelle par rapport à cette voix.

- Chaque fois que vous vous mentez à vous-même, ou que vous vous jugez, ou que vous vous rejetez, vous avez une réaction émotionnelle, et ce n'est pas agréable. Si vous n'aimez pas la réaction émotionnelle, il ne s'agit pas de refouler ce que vous sentez ; il faut supprimer les mensonges qui en sont la cause. Toutes vos émotions changent quand vous ne croyez plus aux mensonges, parce que les émotions sont l'effet, non pas la cause.

- Nos émotions sont réelles ; la voix de la connaissance qui nous fait souffrir ne l'est pas. Notre souffrance est vraie, mais la raison pour laquelle nous souffrons peut n'être pas vraie du tout.

- Les humains sont possédés par la connaissance, par une image déformée d'eux-mêmes. C'est pourquoi ils ne sont plus libres.

- La souffrance émotionnelle est un symptôme de mauvais traitement ; la souffrance vous fait savoir que vous devez faire quelque chose pour faire cesser la maltraitance. Les émotions sont la partie la plus importante de votre histoire, parce qu'elles vous disent où vous en êtes dans votre vie. En suivant vos émotions, vous pouvez changer les circonstances de votre vie.

8

SENS COMMUN ET FOI AVEUGLE

Recouvrer notre foi et notre libre arbitre

QUAND J'AI COMMENCÉ À ENSEIGNER CETTE PHILOSOPHIE, l'un des défis auxquels j'ai dû faire face, c'est de faire partager la sagesse de ma tradition sans la superstition, tout ce qui concerne le mal et la sorcellerie dans la tradition toltèque. Qui se soucie de tous les mensonges ? Je voulais supprimer le non-sens, et ne garder que le sens commun.

Si nous ôtons la superstition et la mythologie des traditions dans le monde entier, ce qui reste, c'est le pur sens commun, le “ bon sens ”. Quand il s’agit de sens commun, il n’y a pas de différence entre la tradition toltèque, la tradition égyptienne, la tradition bouddhique, ou d’autres traditions, parce que toutes ces philosophies viennent du même endroit. Elles viennent directement de l’intégrité humaine.

La différence est dans l’histoire. Chaque philosophie a essayé d’expliquer avec des symboles quelque chose qu’il est très difficile de dire avec des mots. Les maîtres ont été témoins de la vérité, et ont créé une histoire, en fonction de ce qu’ils croyaient. L’histoire devint mythologie, et les gens qui ne sont pas des maîtres, créèrent toutes les superstitions et les mensonges. C’est pourquoi je ne crois pas aux gourous, ni à l’idéalisation des héros. Nous sommes nos propres gourous, nos propres héros. Ce dont je vous fais part, c’est la façon dont je mène ma vie, mais je ne vous dis pas comment vous devez mener la vôtre. Ce n’est pas mon affaire ; c’est la vôtre. Mais voir la façon dont je rêve peut vous donner une idée de ce que vous pouvez faire avec votre rêve.

En lisant ce livre, vous aurez peut-être l’impression de lire quelque chose que vous connaissez déjà ; votre propre sens commun. En un instant, vous pouvez revenir à votre sens commun, à votre propre intégrité. Vous pouvez recouvrer la clarté, et voir ce à quoi les autres sont aveugles. Vous pouvez vivre avec conscience et recouvrer un merveilleux pouvoir que les humains ont abandonné il y a longtemps : la foi.

La foi est une force qui vient de notre intégrité. C'est l'expression de ce que nous sommes vraiment. La foi est le pouvoir de notre création, parce que nous utilisons la foi pour créer notre histoire de vie, et la transformer. Différentes traditions ont donné des noms différents à ce pouvoir. Les Toltèques l'appellent *intention*, mais je préfère l'appeler *foi.*

Voyons si nous parvenons à comprendre pourquoi notre foi est si importante. Quand nous parlons de la foi, de l'intention, nous parlons aussi du pouvoir du mot. Le mot est pure magie. C'est un pouvoir qui vient directement de Dieu, et la foi est le pouvoir qui dirige ce pouvoir. Nous pouvons dire que tout ce qui se trouve dans notre réalité virtuelle est créé au moyen de la parole, parce que nous l'utilisons pour la création de notre histoire. Les humains ont l'imagination la plus merveilleuse. Commençant avec le mot, nous formons le langage. Avec un langage, nous essayons de rendre intelligible tout ce que nous éprouvons.

D'abord, nous convenons du son et du sens de chaque mot. Puis en nous rappelant le son des mots, nous pouvons communiquer avec d'autres rêveurs, au sujet de notre réalité virtuelle. Nous donnons des noms à tout ce que nous percevons ; nous choisissons des mots comme symboles, et ces symboles ont le pouvoir de reproduire un rêve dans notre tête. Par exemple, si l'on entend simplement le mot *cheval*, nous pouvons reproduire une image entière dans notre mental. C'est ainsi que le symbole fonctionne. Mais il peut être encore plus puissant que cela. En disant juste deux mots, *Le Parrain*, tout un film peut apparaître dans notre mental. Le mot, comme symbole, a de la magie et un pouvoir de création, parce qu'il peut reproduire une image, un concept, ou une situation entière dans notre imagination.

Le pouvoir du mot est étonnant. Il crée les images des objets dans notre mental. Le mot crée des concepts complexes. Le mot évoque des sentiments. Le mot crée toutes les croyances que nous entreposons dans notre mental. La structure de notre mental façonne notre perception de notre réalité virtuelle entière.

La foi est très importante parce qu'elle est la force qui donne vie à chaque mot, à chaque concept que nous entreposons dans notre mental. Nous pouvons dire que la vie se manifeste grâce à la foi, et que la foi est la messagère de la vie. La vie continue par notre foi, et notre foi donne vie à tout ce en quoi nous acceptons de croire. Pensez-y : nous investissons notre foi en faisant un accord. Quand nous sommes d'accord avec un concept, nous l'acceptons sans aucun doute, et le concept fait partie de nous. Si nous sommes en désaccord avec un concept, notre foi n'est pas là, et nous ne le gardons pas en mémoire. Chaque concept n'est vivant que parce que notre foi est là, parce que nous *croyons* dans le concept. La foi est la force qui tient ensemble tous ces concepts, et qui donne sens et direction à tout le rêve.

Si vous pouvez imaginer que chaque croyance, chaque concept, chaque opinion, est comme une brique, alors, notre foi est le mortier qui tient les briques ensemble. C'est en usant de notre attention que nous commençons à obtenir ces briques et à les mettre ensemble. Les humains peuvent percevoir des millions de choses simultanément, mais avec notre attention, nous avons le pouvoir de discriminer et de nous focaliser seulement sur ce que nous voulons percevoir. L'attention est aussi une partie de notre mental, que nous utilisons pour transférer l'information d'une personne à l'autre. En accrochant l'attention de quelqu'un, nous créons un canal de communication, et grâce à ce canal, nous pouvons envoyer et recevoir l'information. C'est ainsi que nous enseignons, et c'est ainsi que nous apprenons.

Comme je l'ai dit, nos parents accrochent notre attention et nous enseignent le sens des mots ; nous tombons d'accord, et nous apprenons un langage. Grâce au langage, au mot, nous commençons à bâtir l'édifice de la connaissance. Mises ensemble, toutes nos croyances forment une structure qui nous dit ce que nous croyons être. Les Toltèques appellent cette forme que prend notre mental, la *forme humaine.* La forme humaine n'est pas la forme de notre corps physique. La forme humaine est la structure de notre Arbre de la Connaissance. C'est quelque chose auquel nous croyons, en tant qu'êtres humains. C'est la structure de toute notre histoire. La structure est presque aussi solide que notre corps physique, parce que notre foi la rend rigide.

Vous vous appelez vous-même 'être humain', et c'est ce qui vous rend humain. Votre foi est investie dans votre histoire – principalement dans le principal personnage de votre histoire – et c'est le problème principal ! La partie de vous la plus puissante, votre foi, est investie dans le menteur qui vit dans votre tête. Grâce à votre foi, vous donnez vie à tous ces mensonges. Le résultat est la façon dont vous vivez dans le moment présent, parce que vous avez foi dans le personnage principal de votre histoire. Cela signifie que vous croyez en ce que vous croyez être, sans aucun doute. Le reste est juste action-réaction. Chaque habitude est une machination pour que vous jouiez le rôle de votre personnage principal.

Le conteur a du pouvoir sur vous parce que vous avez foi en l'histoire qu'il vous raconte. Une fois que vous soutenez l'histoire de votre foi, il importe peu qu'elle soit vraie ou fausse. *Elle sera accomplie.* C'est pourquoi Jésus disait que si vous avez seulement un peu de foi, vous pouvez déplacer les montagnes. Les humains sont puissants parce qu'ils ont une foi forte ; nous avons la capacité de croire fortement, mais où notre foi est-elle investie ? Pourquoi avons-nous l'impression d'avoir si peu de foi ? Je peux vous dire qu'il n'est pas vrai que nous ayons si peu de foi. Notre foi est forte et puissante, mais notre foi n'est pas libre. Notre foi est investie dans toute la connaissance qui est dans notre tête. Elle est piégée dans la structure de notre Arbre de la Connaissance.

La structure est ce qui contrôle en réalité le rêve de notre vie, parce que notre foi vit dans cette structure. Notre foi n'est pas dans la voix de l'histoire, et elle n'est pas dans notre mental raisonnant. Si nous disons simplement : “ Je vais réussir ", notre foi n'obéira pas à ces paroles. Non, il doit y avoir une autre croyance qui est plus forte et plus profonde, et cette croyance nous dit : " Tu ne réussiras pas ". Et c'est ce qui arrive. Quoi que nous fassions, nous échouons.

C'est pourquoi vous ne pouvez vous changer juste en le désirant. Non, vous avez besoin de changer réellement ce que vous croyez être, spécialement les croyances qui limitent l'expression de votre vie. Vous devez remettre en question toutes les croyances que vous utilisez pour vous juger vous-même, pour vous rejeter vous-même, pour vous diminuer.

L'un de mes apprentis me demanda un jour : " Miguel, pourquoi ai-je tant de difficultés à changer mes croyances ? " Et je lui répondis : " Tu comprends que ce que tu crois n'est pas la vérité ; c'est une histoire. Tu comprends cela très bien, mais tu ne le *crois* pas. Et c'est ce qui fait la différence. Si tu y crois vraiment, si ta foi est là, tu changeras. "

Il est possible de changer ce que nous croyons, de recréer le rêve de notre vie, mais d'abord, nous devons libérer notre foi. Et il n'y a qu'un seul moyen de libérer notre foi : la vérité. La vérité est notre épée, et c'est la seule arme que nous avons contre les mensonges. Il n'est que la vérité qui puisse libérer la foi piégée dans la structure de nos mensonges. Mais notre foi étant investie dans les mensonges, nous ne voyons plus la vérité. Les mensonges aveuglent notre foi, le pouvoir de notre création.

La foi aveugle est un puissant concept. Quand notre foi est aveugle, nous ne suivons plus la vérité. C'est ce qui est arrivé quand nous avons mangé le fruit de l'Arbre de la Connaissance. Nous avons cru aux mensonges, notre foi a été aveuglée, et nous avons suivi une illusion qui n'était pas vraie. Dieu nous a dit : " Vous mourrez . " Et notre foi dans le mensonge est la mort parce que nous pensons notre pouvoir de création, qui est notre connexion avec la vie, Dieu. Nous tombons dans l'illusion que nous sommes séparés de la vie, et cela mène à l'autodestruction et à la mort.

Si votre foi est aveugle, elle ne vous mène nulle part. C'est pourquoi le Christ a dit que si l'aveugle conduit l'aveugle, tous deux tomberont. Si vous croyez que la vie est contre vous, et que vous enseigniez que la vie est contre vous, vous et votre auditeur serez tous deux aveuglés, parce que vous ne voyez pas la vérité. Maintenant, vous êtes deux à croire au mensonge !

La foi véritable, la foi libre, est ce que vous ressentez en ce moment. Ce moment est réel ; vous avez foi dans la vie, foi en vous-même, foi sans raison. C'est le pouvoir de votre création en ce moment. À partir de ce point de pouvoir, vous pouvez créer dans n'importe quelle direction.

La foi aveugle est la foi sans conscience, mais quand votre foi est pourvue de conscience, vous n'utilisez jamais le pouvoir de la foi contre vous-même ; cela signifie que vous êtes impeccable avec votre parole. Quand vous êtes impeccable avec votre parole, votre vie entière s'améliore, dans toutes les directions. Pourquoi ? Parce que l'impeccabilité de votre parole s'adresse directement au personnage principal de votre histoire, là où la plus grande partie de votre foi est investie. Être impeccable avec sa parole, signifie ne jamais utiliser de paroles contre soi-même dans la création de son histoire. J'en parlerai davantage dans le chapitre suivant.

Pour changer ce que vous croyez à votre sujet, il faut retirer votre foi des mensonges. C'est la clef pour changer votre histoire, c'est votre quête du rêve, et personne ne peut le faire, à part vous. C'est juste vous et votre histoire. Vous devez faire face à votre propre histoire, et ce à quoi vous ferez face, naturellement, c'est le personnage principal de votre histoire.

Commencez par considérer le personnage principal comme si c'était quelqu'un d'autre, pas vous. Toute l'histoire de votre vie est comme un livre dont vous êtes le personnage principal. Détachez-vous de l'histoire, et prenez conscience de votre propre création. Revoyez l'histoire de votre vie sans aucun jugement, afin de n'avoir aucune réaction émotionnelle. Voyez votre propre histoire depuis que vous étiez enfant – tout votre développement, toutes vos relations. Faites simplement un inventaire et percevez les images si vous pouvez le faire. Imaginez que vous avez vos poumons pour respirer, vos yeux pour voir la beauté, vos oreilles pour entendre les sons de la nature. Il s'agit ici seulement d'amour. Faites face à l'histoire de votre vie avec amour, et vous connaîtrez la quête de rêve la plus incroyable.

La quête du rêve est ce que fit le Bouddha sous l'arbre de la bodhi, et ce que fit Jésus dans le désert. Toutes les religions du monde disent la même chose, parce qu'elles ont pour origine des humains qui ont ouvert leurs yeux spirituels, et dont la foi n'est plus aveugle. Mais comment peuvent-ils expliquer la vérité à d'autres personnes ?

Pouvez-vous imaginer Jésus essayant d'expliquer la vérité il y a deux mille ans ? Il parla de vérité, de pardon, et d'amour. Il dit aux gens : “ Vous devez vous pardonner les uns les autres. L'amour est la seule voie. ” Il nous donna la solution pour guérir le mental, mais qui était prêt alors ? La question est : Sommes-nous prêts maintenant ? Voulons-nous encore ajouter foi à nos propres mensonges, et être si aveugles, que nous sommes prêts à mourir pour nos mensonges, pour notre fanatisme, pour nos dogmes ?

La foi aveugle, comme je l'ai déjà dit, fait de nous des fanatiques, qui cherchent à imposer ce qu'ils croient aux autres, sans respecter ce qu'ils croient. Nous n'avons pas besoin d'imposer ce que nous croyons. Nous pouvons respecter ce que chacun de nous croit, et savoir que chacun fait son propre rêve, qui n'a rien à voir avec celui d'un autre. Simplement avec cette conscience, nous faisons un grand pas en direction de la guérison du mental.

Le défi, c'est de recouvrer le pouvoir de sa foi, et de n'être plus aveuglé par les mensonges. Mais si vous voulez faire face au tyran que vous avez créé, vous devez avoir la foi. Et le problème, c'est que la foi que vous avez investie dans votre création est mille fois plus forte que la foi que vous avez épargnée. Alors, où allez-vous trouver la foi de faire face à votre propre création, si votre création dévore votre foi ?

Si vous ne pouvez pas trouver de foi en vous, à partir de ce que vous croyez être, il y a beaucoup de foi hors de vous, partout. Ce dont il s'agit, c'est apprendre à rassembler toute la foi dont vous avez besoin pour vous libérer de la structure de vos mensonges. C'est pourquoi les humains accomplissent des rituels : pour rassembler plus de foi. Quand vous allez dans un lieu de culte et que vous priez ou psalmodiez ou chantez ou jouez du tambour ou dansez, vous rassemblez du pouvoir et de la foi avec ces rituels. C'est très puissant. Quand vous centrez votre intention sur votre rituel, cela ouvre un canal à votre foi. Votre foi suit le rituel, et avec votre intention fixée sur ce canal, il est possible de recouvrer votre foi.

Le rituel peut nous aider à rassembler la foi de la nature, et, en tant que communauté humaine, d'établir une foi réciproque. Quand les gens se rassemblent, quand ils aiment, ils font l'expérience d'une foi prodigieuse. C'est ce que vous faites chaque fois que vous allez à l'église, chaque fois que vous priez. Quand vous priez et que vous accomplissez des rituels, vous assemblez une foi qui n'est pas vraiment la vôtre, mais c'est une foi que vous pouvez utiliser pour recouvrer la vôtre. Et si vous croyez totalement en ce que vous voulez accomplir, avec une prière ou un rituel, vous multipliez votre intention.

Quand vous priez, vous communiez avec l'esprit divin. La prière crée un pont qui relie le vous réel à l'esprit divin, mettant de côté le personnage principal de votre histoire. C'est la clef, parce que le personnage principal de votre histoire est la seule chose qui s'interpose entre vous et l'esprit divin. La prière et le rituel aident à arrêter les jugements et toutes les voix parlant dans votre tête qui vous disent que quelque chose n'est pas possible. La prière et le rituel agissent fortement pour que la voix de la connaissance cesse de faire du mal au corps émotionnel.

Toutes les religions, avec leurs divers rituels, sont des choses merveilleuses, parce qu'elles fournissent un moyen de rassembler le pouvoir permettant de rompre au moins quelques-uns des accords autolimitants auxquels vous avez souscrit. Chaque fois que vous rompez un accord, la foi qui est investie vous revient, et vous recouvrez un peu plus de votre foi. Tel est le dessein de ce livre. Mon intention est que vous recouvriez au moins une partie de la foi que vous avez investie dans le personnage principal de votre histoire. Mais si vous rassemblez toute cette foi et que vous ne l'utilisiez pas pour changer le personnage principal de votre histoire, celui-ci ne tardera pas à la consommer entièrement.

C'est pourquoi vous devez reprendre votre vie à la superstition de ce que vous croyez être. Il n'y a qu'un moyen d'y parvenir : cesser de croire le conteur, la voix de la connaissance dans votre tête. Quand vous restaurez votre foi dans la vérité, et que vous expulsez tous les mensonges, vous devenez authentique. Votre corps émotionnel redevient comme il était quand vous étiez enfant, et vous recouvrez votre sens commun. Je ne peux pas dire que j'ai inventé ceci ou cela, que j'ai découvert quelque chose de nouveau. En tant qu'artiste, je ne fais que réaliser ce qui existe déjà. Tout ce que je partage avec vous est dans le monde depuis des milliers d'années, au Mexique, en Égypte, en Inde, en Grèce, à Rome. Le sens commun existe chez tous, mais nous ne pouvons pas le voir, car notre attention est centrée sur les mensonges auxquels nous croyons.

Les mensonges rendent tout compliqué, alors que la vérité est très simple. Je pense que maintenant, il est temps de revenir à la vérité ; au sens commun, à la simplicité de la vie même. Maintenant, nous savons que les mensonges sont si puissants qu'ils nous aveuglent. La vérité est si puissante que lorsque nous finissons par y revenir, notre entière réalité change. La vérité nous ramène au paradis, où nous faisons l'expérience d'une forte communion d'amour avec Dieu, avec la vie, avec toute la création.

Quand vous retirez votre foi de tous les mensonges, vous la libérez. Et quand votre volonté est libre, vous pouvez finalement faire un choix. La voix dans votre tête vous donne l'illusion que vous pouvez faire un choix, que vous avez une volonté libre. Croyez-vous réellement que votre choix conscient est de vous faire du mal à vous-même, de vous faire souffrir, de vous rejeter et de vous maltraiter ? Comment pouvez-vous dire que vous avez une volonté libre alors que vous choisissez de blesser les gens que vous aimez, que vous jugez votre partenaire ou vos enfants, et que vous les rendez malheureux avec votre critique ?

Si vous avez une volonté libre, vous avez le pouvoir de faire vos propres choix. Choisissez-vous vraiment de saboter votre propre bonheur ou votre propre amour ? Choisissez-vous de vous juger vous-même, de vous blâmer vous-même, de vivre dans la honte et la culpabilité ? Choisissez-vous de croire que vous êtes mauvais, que vous n'êtes pas beau, que vous ne méritez pas d'être heureux, ou en bonne santé, ou prospère, parce que vous êtes dépourvu de toute valeur ?

Choisissez-vous de lutter constamment avec les gens que vous aimez le plus ? Si vous avez une volonté libre, vous choisissez le contraire. Je pense qu'il est évident que votre volonté *n'est pas* libre.

Quand vous mettez votre foi dans la vérité, plutôt que dans les mensonges, vos choix changent. Quand votre volonté est libre, vos choix viennent de votre intégrité, et non du programme, ce menteur dans votre tête. Maintenant, vous croyez tout ce que vous voulez croire, et quand vous avez le pouvoir de croire ce que vous voulez, quelque chose de très intéressant se produit. Ce que vous voulez, c'est aimer. Vous ne voulez rien d'autre que l'amour, parce que vous savez que ce qui n'est pas l'amour n'est pas la vérité !

Quand votre volonté est libre, vous choisissez le bonheur et l'amour, la paix et l'harmonie. Vous choisissez de jouer ; vous choisissez de jouir de la vie. Vous ne choisissez plus le drame. Si, maintenant, vous choisissez le drame, c'est parce que vous avez été programmé pour être ainsi, et vous ne savez même pas que vous avez le pouvoir de faire un choix différent. Quelque chose d'autre dans votre tête fait le choix, et c'est le choix du menteur. Comme le héros du film

A Beautiful Mind, dont les visions font les choix qu'il adopte, votre voix fait des choix pour vous.

Pourquoi déciderions-nous consciemment de nous quereller avec nos parents ou nos enfants ou notre bien-aimé ? Ce n'est pas que nous désirions nous battre. Vous savez, quand nous sommes enfants, et que nous allons avec d'autres enfants, c'est parce que nous voulons jouer ; nous voulons nous amuser et profiter de la vie. Quand nous grandissons et que nous décidons de nous engager dans une relation – surtout une relation amoureuse – est-ce parce que nous voulons créer une souffrance émotionnelle et un drame ? Non, le sens commun nous dit que nous voulons jouer ensemble ; nous voulons nous amuser à explorer la vie ensemble. Mais le Prince des Mensonges qui contrôle la voix de la connaissance refoule notre sens commun.

Le sens commun est la sagesse, et la sagesse est différente de la connaissance. Vous êtes sage quand vous n'agissez plus contre vous-même. Vous êtes sage quand vous vivez en harmonie avec vous-même, avec votre propre espèce, avec toute la création.

Vous avez maintenant un choix. Qu'allez-vous faire avec cette information ? Qu'arrive-t-il, si vous ne croyez pas aux mensonges ? Prenez le temps de poser votre attention sur vos sentiments, pour sentir toutes les possibilités pour votre vie, si votre foi n'est plus aveugle. Si vous reprenez votre foi aux mensonges, votre souffrance est finie, vos jugements sont finis. Vous ne vivez plus dans la culpabilité, dans la honte, dans la colère, dans la jalousie. Vous n'avez plus besoin d'être assez bon pour personne, y compris vous-même. Vous acceptez ce que vous êtes, même si vous ne savez pas ce que vous êtes. Et vous ne vous souciez pas d'en savoir plus. Le savoir n'est pas important, et c'est la sagesse.

Imaginez seulement que, parce que vous ne croyez pas dans les mensonges, toute votre vie change. Vous vivez votre vie, sans essayer de contrôler personne autour de vous, et votre intégrité ne permet à personne de vous contrôler. Vous ne jugez plus les autres, vous n'avez plus besoin de vous plaindre de ce qu'ils font, parce que vous savez que vous ne pouvez pas contrôler ce que font les gens. Imaginez que vous choisissiez de pardonner à tous ceux qui vous blessent dans votre vie, parce que vous ne voulez plus porter tout ce poison émotionnel dans votre cœur. Simplement en pardonnant à tous, même à vous-même, vous guérissez votre mental, vous guérissez votre cœur, et vous n'avez plus de souffrance émotionnelle.

Imaginez seulement que vous recouvrez le pouvoir de faire vos propres choix, parce que vous ne croyez plus le conteur. Vous jouissez de votre vie, dans la plénitude, la paix intérieure, l'amour. Imaginez comment vous pourriez vous comporter vis-à-vis de votre partenaire, de vos enfants, de la nouvelle génération, si vous ne croyiez plus aux mensonges. Imaginez seulement le changement dans le genre humain tout entier, grâce à quelque chose d'aussi simple que : ne plus croire aux mensonges.

Points à Méditer

- La parole est pure magie. C'est un pouvoir qui vient directement de Dieu, et la foi est la force qui dirige le pouvoir. Tout, dans notre réalité virtuelle est créé au moyen de la parole ; nous utilisons la parole pour la création de notre histoire, pour donner un sens à ce que nous éprouvons.

• La foi est la force qui donne vie à chaque mot, à chaque croyance que nous entreposons dans notre mental. Si nous convenons d'un concept, que nous l'acceptions, notre foi est là, et nous le gardons dans notre mémoire. La foi est le mortier qui cimente nos croyances, et donne sens et direction au rêve entier.

• L'attention est la partie de notre mental que nous utilisons pour transférer l'information de personne à personne. En accrochant l'attention, nous créons un canal de communication, et par ce canal, nous pouvons envoyer et recevoir l'information.

• La structure de notre connaissance contrôle le rêve de notre vie, parce que notre foi vit dans cette structure. Notre foi n'est pas dans la voix de notre histoire, et elle n'est pas notre mental raisonneur. Notre foi est piégée dans la structure de notre connaissance, et seule la foi peut la libérer.

• La foi véritable, la foi libre, est ce que vous ressentez en ce moment. Ce moment est réel ; vous avez foi en la vie, foi en vous-même, foi sans raison. C'est le pouvoir de votre création en ce moment. À partir de ce point de pouvoir, vous pouvez créer tout ce que vous voulez dans n'importe quelle direction.

- La foi aveugle ne mène nulle part, parce qu'elle ne suit pas la vérité. Avec une foi aveuglée par les mensonges, nous tombons dans l'illusion que nous sommes séparés de Dieu, et nous perdons notre pouvoir de création.

- Quand nous libérons notre foi des mensonges, nous recouvrons une volonté libre, et nous faisons nos choix. Nous recouvrons le pouvoir de croire tout ce que nous voulons. Et quand nous avons le pouvoir de ce que nous voulons, tout ce que nous voulons, c'est aimer.

9

Transformer le Conteur

Les Quatre Accords comme instruments favoris

Vous avez vu que vous pouvez créer une réalité virtuelle, le rêve de votre vie, et vous savez que votre vie est une histoire. Maintenant, avec cette conscience, la question est : Êtes-vous heureux avec votre histoire ? Il importe de comprendre que vous pouvez être ce que vous voulez, parce que vous êtes l'artiste, et votre vie est votre création. C'est votre histoire. C'est votre comédie ou votre drame, et si l'histoire change, pourquoi ne pas diriger le changement avec la conscience ?

Maintenant que vous êtes un artiste pourvu d'une conscience, vous pouvez voir si vous aimez votre art, et vous pouvez l'améliorer. La pratique fait le maître. Mais c'est l'action qui fait la différence. Quand j'ai découvert cela, j'ai entrepris de prendre la responsabilité de mon art et de purifier mon programme. En tant qu'artiste, j'ai commencé à explorer les possibilités – chaque action et chaque réaction. Et c'est notre nature véritable : explorer. Explorer quoi ? La vie ! Que pouvons-nous explorer d'autre ?

Changer l'histoire de sa vie, c'est ce que les Toltèques appellent la *maîtrise de la transformation*. Il s'agit de vous transformer, le conteur, le rêveur. La vie change très rapidement, et vous pouvez vous apercevoir que vous vous transformez toujours, mais vous maîtrisez la transformation quand vous ne résistez plus au changement. Vous prenez au contraire avantage du changement, et vous jouissez du changement. Maîtriser la transformation, c'est vivre dans le moment présent, tout le temps. La vie est un éternel *maintenant* parce que la force vitale crée tout maintenant, et transforme tout maintenant.

Comment allez-vous changer l'histoire ? Maintenant, vous savez que vous créez votre histoire selon ce que vous croyez à votre sujet. Le moyen de transformer ce que vous croyez à votre sujet, c'est de désapprendre ce que vous avez déjà appris. Quand vous désapprenez, votre foi vous revient, votre pouvoir personnel augmente, et vous pouvez investir votre foi dans de nouvelles croyances.

Si vous voulez connaître la vérité, si vous êtes prêt à ôter votre foi des mensonges, pensez à cela : *Ne vous croyez pas vous-même*, et *ne croyez personne.* Cela vous donnera de la clarté au sujet de beaucoup de choses. Mais vous pouvez avoir besoin d'un petit soutien pour cesser de croire aux mensonges, et commencer à rompre tous les accords qui sont dirigés contre vous. Les Quatre Accords offrent ce soutien. Ils sont juste pour vous, le personnage principal de votre histoire. Ces quatre accords simples peuvent vous mener à votre intégrité : *Soyez impeccable avec votre parole. Ne prenez rien personnellement. Ne faites pas de suppositions. Faites toujours de votre mieux.*

Beaucoup d'instruments peuvent vous aider à changer votre histoire, mais les Quatre Accords sont mon instrument favori pour la transformation. Pourquoi ? Parce qu'ils ont le pouvoir de vous aider à désapprendre les nombreuses façons dont vous avez appris à utiliser la parole contre vous-même. En suivant simplement ces accords, vous remettez en question toutes les opinions qui ne sont rien d'autre que des superstitions et des mensonges. *Soyez impeccable avec votre parole*, parce que vous utilisez la parole pour créer votre histoire. *Ne prenez rien personnellement* parce que vous vivez dans votre propre histoire, et que les autres gens vivent dans leur propre histoire. *Ne faites pas de suppositions* parce que la plupart des suppositions ne sont pas la vérité ; ce sont des fictions, et quand le conteur fabrique des histoires – spécialement au sujet d'autres conteurs – cela crée un grand drame. *Faites toujours de votre mieux* parce que cela empêche la voix de la connaissance de vous juger, et en agissant le mieux possible, vous empêchez la voix de vous parler.

Le conteur, le menteur dans votre tête, vous fait utiliser votre parole contre vous-même. Elle vous fait tout prendre personnellement, elle fait beaucoup de suppositions, et elle vous empêche de faire de votre mieux. Le premier accord, *soyez impeccable avec votre parole*, est l'accord suprême, parce qu'il vous aide à reconnaître tous les mensonges qui gouvernent votre vie. Être impeccable, c'est utiliser le pouvoir de votre parole en direction de la vérité et de l'amour. Les trois autres accords sont un soutien pour le premier accord – ils sont la pratique qui fait le maître – mais le but est le premier accord. En pratiquant les Quatre Accords, le moment vient où vous faites l'expérience de la vérité, et votre réaction émotionnelle est incroyable.

J'ai écrit un livre au sujet des Quatre Accords, et j'ai essayé de le faire aussi simple que possible. Le livre peut vous donner l'impression que vous connaissez déjà les Quatre Accords. Et c'est vrai, parce que les accords viennent du vous véritable, et que le vous véritable est exactement le soi réel. Votre esprit vous dit la même chose, et c'est pur sens commun. Le livre est un messager d'amour. C'est comme une porte ouverte qui vous conduira au vous véritable, mais vous êtes celui qui doit parcourir le chemin. Vous devez avoir le courage d'utiliser les instruments pour vous trouver vous-même, et pour recréer votre propre histoire à votre façon. Vous pouvez transformer votre histoire entière seulement en pratiquant les Quatre Accords. Examinons de plus près chaque accord.

Le premier accord, *soyez impeccable avec votre parole*, signifie que vous n'utilisez jamais le pouvoir de la parole contre vous-même dans la création de votre histoire. *Impeccable* signifie “ sans péché ”. Tout ce que vous faites et qui va contre vous-même est un péché. Quand vous croyez aux mensonges, vous utilisez le pouvoir de la parole contre vous-même. Quand vous croyez que personne ne vous aime, que personne ne vous comprend, que vous n'y arriverez jamais, vous utilisez la parole contre vous-même.

Beaucoup de philosophies ont su que les mensonges sont une déformation du monde, et certaines traditions appellent cette déformation *mal.* Je préfère dire que nous *utilisons le monde contre nous-mêmes* parce que nous ne l'appelons pas *mal* quand nous nous jugeons et que nous nous trouvons coupables. Nous ne l'appelons pas *mal* quand nous nous rejetons et que nous nous traitons comme nous n'oserions traiter un chien. Quand vous êtes impeccable, vous ne parlez jamais contre vous-même, vous n'avez pas de croyances qui vont contre vous-mêmes, et vous n'aidez personne à agir contre vous. Être impeccable signifie que vous n'utilisez pas votre propre connaissance contre vous-même, et que vous ne permettez pas à la voix qui est dans votre tête de vous maltraiter. Maintenant, peut-être que le premier accord, *soyez impeccable avec votre parole*, est un peu plus clair.

La parole est votre propre pouvoir, parce que vous l'utilisez pour la création de votre monde virtuel. Vous utilisez la parole pour créer le personnage principal de votre histoire. Chaque opinion sur soi, chaque croyance, est faite de mots comme : “ Je suis intelligent, je suis stupide, je suis beau, je suis laid. ” C’est puissant. Mais votre parole est encore plus puissante, parce qu’elle vous représente quand vous interagissez avec les autres rêveurs. Chaque fois que vous parlez, votre parole devient son, votre pensée devient la parole, et elle peut aller maintenant dans le mental des autres gens. Si leur mental est fertile pour ce genre de graine, ils la mangent, et maintenant cette pensée vit aussi en eux.

La parole est une force que vous ne pouvez voir, mais vous pouvez voir la manifestation de la force, l’expression de la parole, qui est votre propre vie. C’est avec notre réaction émotionnelle, que nous mesurons la façon dont nous utilisons la parole. Comment savez-vous que vous utilisez la parole impeccablement ? Bien, vous êtes heureux. Vous êtes en harmonie avec vous-même. Vous ressentez de l’amour. Comment savez-vous que vous utilisez la parole contre vous-même ? Vous êtes en proie à l’envie, la colère, la tristesse. La souffrance, quelle qu’elle soit, est la conséquence de la mauvaise utilisation de la parole ; c’est la conséquence de la croyance en la connaissance contaminée par les mensonges. Si vous purifiez la parole, vous recouvrez l'impeccabilité de la parole, et vous ne vous trahissez jamais vous-même. Si vous acceptez d'être impeccable avec votre parole, cela suffit pour que vous puissiez revenir au paradis que les humains ont perdu. C'est suffisant pour vous ramener à la vérité et transformer toute votre histoire. Soyez impeccable avec votre parole. C'est très simple.

Le deuxième accord, *ne prenez rien personnellement*, vous aide à briser les nombreux mensonges auxquels vous avez accepté de croire. Quand vous prenez les choses personnellement, vous réagissez et vous sentez blessé, et cela crée un poison émotionnel. Alors vous voulez vous venger, vous voulez rendre la pareille, et vous utilisez la parole contre d'autres gens. Vous savez maintenant que ce que quelqu'un projette sur vous, c'est lui. Vous savez que c'est seulement le conteur de la personne, qui vous raconte simplement une histoire. Ne rien prendre personnellement vous immunise contre le poison émotionnel dans toutes vos relations. Vous ne perdez plus le contrôle et vous réagissez parce que vous êtes émotionnellement blessé. Cela vous donne votre clarté, qui vous met en avance sur les autres gens qui ne peuvent pas voir leur propre histoire.

Le deuxième accord vous aide à briser des centaines de petits mensonges jusqu'à ce qu'il brise le noyau dur de tous les mensonges de votre vie. Quand cela se produit, tout l'édifice de la connaissance s'effondre, et vous avez une seconde chance de créer une autre histoire, à votre façon. Les Toltèques appellent cela *perdre sa forme humaine.* Quand vous perdez la forme humaine, vous avez la possibilité de choisir ce que vous pouvez croire en accord avec votre intégrité. Quand vous étiez enfant, vous utilisiez votre attention pour créer le premier rêve de votre vie. Vous n'avez jamais eu l'occasion de faire un choix au sujet de ce que vous pouvez croire ; tout ce que vous avez accepté de croire vous a été imposé. Maintenant, vous disposez d'une occasion que vous n'aviez pas quand vous étiez enfant. Vous pouvez utiliser votre attention pour la seconde fois, pour baser votre histoire sur la vérité, au lieu des mensonges. Les Toltèques appellent cela *le rêve de l'attention seconde.* Je l'appelle *votre seconde histoire*, parce que c'est encore un rêve, c'est encore une histoire ! Mais maintenant, c'est votre choix.

Quand vous perdez la forme humaine, votre volonté redevient libre. Vous recouvrez le pouvoir de votre foi, et ce que vous pouvez faire avec cette foi n'a pas de limites. Vous pouvez recréer votre vie en lui donnant une ampleur formidable, si c'est ce que vous voulez. Mais le but n'est pas de sauver le monde. Non, la seule mission que vous avez dans la vie, c'est de vous rendre heureux. C'est aussi simple. Et le seul moyen de vous rendre heureux, c'est de créer une histoire qui vous rendra heureux. N'importe quoi peut arriver à n'importe qui. Vous ne pouvez contrôler ce qui se produit autour de vous, mais vous pouvez contrôler la façon dont vous racontez l'histoire. Vous pouvez en faire un grand mélodrame et être triste et déprimé au sujet de tout ce qui vous arrive, ou vous pouvez raconter l'histoire sans y inclure le drame.

Le troisième accord, *ne faites pas de suppositions*, est la clef de la liberté personnelle. Qu'est-ce qui se passe quand vous faites des suppositions ? Le conteur fabrique une histoire, nous croyons l'histoire, et nous ne posons pas les questions qui pourraient jeter une lumière sur la liberté. La plus grande partie de notre rêve est fondée sur des suppositions, et ces suppositions créent tout un monde d'illusion qui n'est pas vrai du tout, mais auquel nous croyons. Faire des suppositions et les prendre personnellement, est le commencement de l'enfer dans ce monde. Les humains créent beaucoup de problèmes parce qu'ils font des suppositions et croient qu'elles sont la vérité ! Presque tous nos conflits sont fondés là-dessus.

Être conscient, c'est voir ce qu'est la vérité, voir les choses comme elles sont, et non pas comme nous voulons qu'elles soient pour justifier ce que nous croyons déjà. La *maîtrise de la conscience* est la première maîtrise des Toltèques, et nous pouvons aussi l'appeler *la maîtrise de la vérité*. D'abord, vous devez être conscient que la voix dans votre tête vous raconte toujours une histoire. Vous rêvez tout le temps. Il est vrai que vous percevez, mais la façon dont le conteur justifie, explique, et suppose au sujet de ce que vous percevez, n'est pas la vérité ; c'est juste une histoire.

Ensuite, vous devez prendre conscience que la voix du conteur dans votre tête n'est pas nécessairement votre voix. Chaque concept dans votre tête a une voix qui veut s'exprimer. C'est un rêve. C'est juste une histoire qui essaie de capter votre attention pour justifier son existence. L'autre partie de vous-même, la partie qui écoute, celle qui rêve, est celle qui est maltraitée.

Enfin, vous devez pratiquer la conscience jusqu'à ce que vous maîtrisiez la conscience. Quand vous maîtrisez la conscience de façon habituelle, vous voyez toujours la vie comme elle est, pas de la façon dont vous voulez la voir. Vous n'essayez plus de mettre les choses dans des paroles, de tout vous expliquer à vous-même, et cela vous évite de faire des suppositions. Vous utilisez seulement la parole pour communiquer avec les autres, sachant que ce que vous communiquez est juste un point de doctrine fondé sur ce que vous croyez. Et ce que vous croyez est juste un programme ; ce n'est rien que des idées, qui, pour la plupart, sont des mensonges. C'est pourquoi vous devez écouter et poser des questions. Avec une claire communication, les gens vous donneront toute l'information dont vous avez besoin, et vous n'aurez pas à faire des suppositions.

Le quatrième accord est *faites toujours de votre mieux*. Quand vous faites de votre mieux, vous ne donnez pas à la voix de la connaissance une occasion de vous juger. Si la voix ne vous juge pas, il n'est pas besoin de vous sentir coupable ou de vous punir. Faisant de votre mieux, vous allez être productif, ce qui signifie que vous aller agir. Faire de son mieux, c'est agir, et faire ce que l'on aime, parce que c'est l'action qui rend heureux. Vous le faites, parce que vous voulez le faire, et non parce que vous le devez.

Les meilleurs moments de votre vie, c'est quand vous êtes authentique, quand vous êtes vous-même. Quand vous êtes dans votre création et que vous faites ce que vous aimez faire, vous redevenez ce que vous êtes vraiment. Vous ne pensez pas alors ; vous vous exprimez. Quand vous faites de votre mieux dans votre création, le mental s'arrête. Vous êtes de nouveau éveillé, pleinement alerte. Vos émotions émergent, et vous ne remarquez même pas votre sensation de plénitude. Quand vous êtes inactif, votre mental a besoin d'agir, et c'est une invitation ouverte pour que la voix de la connaissance vous parle. Mais quand vous êtes absorbé dans ce que vous faites, le mental n'est guère en mesure de parler.

Quand vous créez, la voix de la connaissance n'est pas là, même si vous utilisez des mots dans votre art. Si vous écrivez un poème, vous ne pensez pas aux mots que vous utiliserez ; vous exprimez simplement vos émotions. Les mots sont l'instrument ; ils sont le code que vous utilisez pour l'expression. Si vous jouez de la musique, il n'y a pas de différence entre vous et la musique. En même temps, vous créez la musique ; vous êtes celui qui jouit de chaque note, de chaque son. Vous ne faites plus qu'un avec ce que vous faites, et c'est un plaisir suprême. Quiconque est musicien saura de quoi je parle. Vous exprimez ce que vous êtes vraiment, et c'est la chose la plus formidable qui peut arriver à n'importe qui. Vous exprimer juste vous-même, vous conduit à l'extase, parce que vous créez. Cette vie est un art.

Faire de votre mieux, c'est marquer votre confiance en vous-même, et en la création, en la force de vie. Vous établissez un but, et vous vous y consacrez entièrement, sans vous attacher à l'atteindre. Vous ne savez pas si vous allez atteindre votre but, et vous ne vous en souciez guère. Vous y allez, et quand vous l'atteignez, c'est merveilleux. Et si vous n'atteignez pas le but, c'est merveilleux, aussi. Dans les deux cas, vous êtes dans la plénitude, parce que l'amour en mouvement est une chose merveilleuse. Agir est une expression de vous-même, c'est l'expression de l'esprit, et c'est votre création.

Je vous encourage à assumer la responsabilité de chaque action que vous faites dans votre vie. Aucune décision n'est bonne ni mauvaise ; ce qui importe, c'est l'action qui suit votre choix. Tout dans la vie est juste un choix. Vous contrôlez le rêve en faisant un choix. Chaque choix a une conséquence, et un maître du rêve est conscient des conséquences. On peut dire aussi que pour chaque action, on fait l'expérience d'une réaction. Si votre connaissance est l'action, et que vos émotions sont la réaction, vous pouvez voir alors pourquoi il est si important d'être conscient de la voix de la connaissance.

La voix de la connaissance est toujours en train de saboter votre bonheur. Aux moments les plus heureux de votre vie, vous jouez ; vous agissez comme un enfant. Mais la voix vient dans votre tête, et dit : “ C'est trop bien pour être vrai. Remettons les pieds sur terre, et revenons à la réalité. ” Et la réalité dont vous parle la voix de la connaissance, c'est la souffrance.

La vie peut être merveilleuse. Si vous vous aimez vous-même, si vous faites de votre mieux, bien vite, ça deviendra une habitude. Quand faire de son mieux devient une habitude, tout devient un cadre pour que vous soyez toujours heureux, comme vous l'étiez quand vous étiez petit. Mais, d'abord, vous devez arrêter le dialogue intérieur. C'est l'un des plus grands miracles dont tout être humain puisse faire l'expérience. Si vous pouvez empêcher la voix de vous parler, vous cessez d'être maltraité par tous les mensonges.

On m'a demandé si j'encourageais l'utilisation d'un mantra pour éliminer le dialogue intérieur. En fait, je vous encourage à utiliser n'importe quelle astuce que vous pouvez trouver, pour cesser le bavardage intérieur. Il n'y a pas de recette de cuisine. Vous pouvez explorer autant de chemins que vous voulez, jusqu'à ce que vous trouviez votre propre voie. Pour certaines personnes, un mantra peut être le miracle. Pour d'autres, le miracle, ce peut être de se promener, ou s'entourer de beauté naturelle. Ce peut être danser, faire du yoga, courir, nager, ou n'importe quel exercice. C'est à vous de choisir.

Quand j'étais adolescent, mon grand-père me disait : " La musique est la solution pour faire la voix dans ta tête. Remplace la voix par la musique, parce que tu ne peux pas expliquer la musique. Comment pourrais-tu expliquer la *Cinquième Symphonie* de Beethoven ? Tu peux utiliser tes opinions, mais tu ne peux l'expliquer. Tu dois la jouer. "

Je comprenais ce que mon grand-père disait, mais je n'aimais pas sa musique. Mon grand-père aimait la musique classique ; aussi, je refusai complètement cette méthode. Je lui dis : " Je ne suis pas de cet avis. C'est ennuyeux. " Bien, sûr, j'écoutais de la musique, mais celle que j'aimais, c'était celle des Beattles. Les paroles étaient en anglais, et, à cette époque, je ne parlais qu'espagnol. Je connaissais toutes les paroles des chansons, mais elles n'avaient pas de sens pour moi. S'il y avait un drame dans ces chansons, je ne les percevais pas comme des drames ; je les percevais comme de la beauté.

Écouter les Beattles marcha bien pour moi, parce que les voix étaient comme un instrument, et la musique occupait l'espace de la voix de la connaissance. Il y avait des fois où la voix était là, mais, à d'autres moments, il n'y avait pas de voix. J'aimais tellement la musique, que si je ne mettais mon attention sur rien d'autre, il n'y avait que de la musique dans ma tête. Je commençai à faire cela sans conscience, parce que j'avais entendu ce que mon grand-père avait dit, mais je croyais qu'il parlait de musique classique ! Mais la musique, ce peut être des percussions, de la trompette, n'importe quelle sorte d'instrument, tant qu'il n'y a pas de paroles dans une langue que vous connaissez pour accrocher votre attention. Le problème, c'est quand la musique a des paroles qui ont un sens pour vous, et que vous pouvez y penser.

Il y a beaucoup de façons d'apaiser le mental, mais, pour moi, la pratique des Quatre Accords est le meilleur. Ces accords ont le pouvoir de rompre des milliers de petits accords qui sont dirigés contre vous-même, mais ils ne sont pas si simples qu'ils semblent. Beaucoup de gens disent : “ Je comprends les Quatre Accords, et ils changent ma vie, mais à un certain point, je ne peux pas continuer. " Si vous ne pouvez continuer, c'est que, à ce moment, vous êtes face à une forte croyance. Et la foi que vous avez investie dans cette croyance est plus forte que la foi dont vous disposez pour changer cette croyance. C'est pourquoi il est important de récupérer la foi que vous avez mise dans les petites croyances. Vous pouvez alors vous attaquer aux grosses.

Chaque fois que vous pratiquez les Quatre Accords, leur signification est un peu plus approfondie. Quand vous lisez le livre *Les Quatre Accords* pour la seconde ou la troisième fois, à un certain point, vous avez l'impression de lire un livre différent. Et il semble être un livre différent, parce que vous avez déjà rompu beaucoup d'accords. Maintenant, vous pouvez aller un petit peu plus profond, et vous allez de plus en plus profond jusqu'à ce que le moment vienne où vous ouvrez votre œil spirituel. Quand vous finissez par vous transformer, votre vie devient un chef d'œuvre de l'art de rêver, une expression de votre corps émotionnel, comme elle était avant la connaissance.

POINTS À MÉDITER

- Pour transformer ce que vous croyez à votre sujet, vous devez désapprendre ce que vous avez déjà appris. Quand vous désapprenez, votre foi vous revient, votre pouvoir personnel augmente, et vous pouvez investir votre foi dans de nouvelles croyances.

- Les Quatre Accords ont le pouvoir de vous aider à désapprendre les nombreuses façons dont vous avez appris à utiliser la parole contre vous-même. En suivant ces accords, vous remettez en question toutes les opinions qui ne sont rien que des superstitions et des mensonges : *Soyez impeccable avec votre parole. Ne prenez rien personnellement. Ne faites pas de suppositions. Faites toujours de votre mieux.*

- Quand l'édifice de la connaissance s'effondre, vous avez une seconde chance de créer une histoire selon votre intégrité. Vous pouvez utiliser votre attention pour la seconde fois, pour faire une histoire fondée sur la vérité, au lieu des mensonges. Dans le *rêve de l'attention seconde*, vous recouvrez le pouvoir de votre foi, votre volonté redevient libre, et il n'y a pas de limite à ce que vous pouvez faire avec.

- Quand vous êtes absorbé dans ce que vous faites, le mental ne parle guère. Vous exprimez ce que vous êtes vraiment, et c'est seulement l'action qui compte. Quand il y a inaction, votre mental est au repos, et il y a une invitation ouverte pour que la voie de la connaissance vous parle.

- Les meilleurs moments de votre vie, c'est quand vous êtes authentique, quand vous êtes vous-même. Quand vous êtes dans votre création, et que vous faites ce que vous aimez faire, vous redevenez ce que vous êtes vraiment. Vous ne pensez pas alors ; vous vous exprimez. Vos émotions émergent, et vous vous sentez super bien.

- Chaque fois que vous pratiquez les Quatre Accords, leur signification s'approfondit, jusqu'à ce que vous ouvriez votre œil spirituel. Votre vie devient alors une expression de votre corps émotionnel, exactement comme il était avant la connaissance.

10

Écrire notre Histoire avec Amour

La vie comme idylle ininterrompue

Quelle est la meilleure façon d'écrire l'histoire de votre vie ? Il y en a une seule, et c'est l'amour. L'amour est le matériau que j'utilise pour écrire mon histoire, parce que l'amour vient directement de mon intégrité, de ce que je suis vraiment. J'aime le personnage principal de mon histoire, et le personnage principal aime tous les personnages secondaires. Je n'ai pas peur de vous dire : " Je vous aime ". Votre mental dira peut-être : " Comment pouvez-vous m'aimer alors que vous ne me connaissez pas ? " Je n'ai pas besoin de vous connaître. Je n'ai pas besoin de justifier mon amour. Je vous aime parce que c'est mon plaisir. L'amour qui sort de moi me rend heureux, et ça ne fait rien si vous me rejetez, parce que je ne me rejette pas. Dans mon histoire, je vis dans une idylle ininterrompue, et tout est beau pour moi.

Vivre dans l'amour, c'est renaître. C'est revenir à son intégrité, à ce que vous étiez avant la connaissance. Quand vous recouvrez votre intégrité, vous suivez toujours l'amour. Votre vie devient une idylle éternelle, parce que, quand vous vous aimez vous-même, il est facile d'aimer les autres. Vous êtes heureux d'être avec vous-même, et quand vous vous mêlez à d'autres gens, c'est parce que vous voulez partager votre bonheur. Vous aimez tant, que vous n'avez besoin de l'amour de personne pour vous rendre heureux. Mais cela ne signifie pas que vous n'acceptiez pas l'amour. Naturellement, vous acceptez l'amour. Vous acceptez la bonne nourriture, le bon vin, la bonne musique, pourquoi pas le bon amour ?

Si vous pouvez vous voir comme un artiste, et que vous puissiez voir que votre vie est votre propre création, pourquoi alors ne pas créer la plus belle histoire pour vous-même ? C'est votre histoire, et c'est juste un choix. Vous pouvez écrire une histoire fondée sur l'amour et l'idylle, mais cet amour doit commencer avec vous-même. Je vous suggère de commencer une relation toute neuve entre vous et vous-même. Vous pouvez avoir la relation d'amour la plus merveilleuse, la plus idyllique, et pour y parvenir, vous devez changer vos accords.

Un accord que vous pouvez faire, c'est de vous traiter avec respect. Introduisez l'accord du respect de soi, et dites à la voix dans votre tête : “ Il est temps maintenant de se respecter l'un l'autre. ” Beaucoup de jugements finiront là, et la plus grande partie du rejet de soi finira là aussi. Vous pouvez alors permettre à la voix de parler, mais le dialogue sera bien meilleur. Vous aurez toutes ces grandes idées, ces dialogues formidables dans votre tête, et quand vous les exprimerez aux autres, ils aimeront ce que vous dites. Vous sourirez, vous vous amuserez, même si vous êtes seul.

Vous pouvez voir pourquoi la relation avec vous-même est si importante. Quand vous êtes en conflit avec vous-même, que vous ne vous aimez pas, ou pire encore, quand vous vous haïssez, le dialogue intérieur est empoisonné, et c'est d'une façon empoisonnée que vous vous parlez à vous-même. Alors, toute relation que vous aurez s'améliorera, mais cela commence toujours avec vous-même.

Comment pouvons-nous espérer être gentils avec les autres, si nous ne le sommes pas avec nous-mêmes ? Nous avons besoin d'exprimer ce que nous ressentons, et nous exprimons nos émotions avec notre voix. Si nous ne nous sentons pas bien, si nous sommes pleins de poison émotionnel, nous avons besoin de le rejeter. C'est pourquoi nous avons besoin de maudire, pour libérer toutes les émotions enfermées dans notre tête. Si nous avons colère et jalousie, ces émotions ont besoin de sortir, et nos paroles en seront empreintes. Si la voix de la connaissance nous maltraite, elle traitera les autres de la même façon. Si nous nous amusons avec nous-mêmes, c'est ce que nous projetons.

La première chose à faire pour améliorer votre relation avec vous-même, c'est de vous accepter tel que vous êtes. Vous n'avez pas besoin d'apprendre *comment* vous aimer vous-même. Vous avez besoin de désapprendre toutes les raisons pour lesquelles vous vous rejetez, alors que vous vous aimez naturellement vous-même. Vous n'aimez pas l'*image* que vous projetez ou votre *façon* d'être mais vous vous aimez vous-même à cause de ce que vous êtes. Vous commencez alors à vous plaire à vous-même, jusqu'à ce que vous vous aimiez tant que vous vous donnez tout ce dont vous avez besoin. Vous ne vous quittez pas. Plus vous avez de plaisir à être en votre propre présence, plus vous jouissez de votre vie, et plus vous jouissez de la présence de ceux qui sont autour de vous.

Quand vous aimez, vous honorez et respectez la *vie.* Quand vous vivez votre propre vie avec amour, honneur, et respect, l'histoire que vous créez est une idylle ininterrompue. Aimer la vie, c'est jouir de toute manifestation de la vie, et cela se fait sans effort. C'est aussi facile que d'inspirer et d'expirer. Le souffle est le grand besoin du corps humain, et l'air est le présent le plus grand. Vous pouvez être si reconnaissant pour l'air, que simplement respirer suffit pour aimer. Comment pouvez-vous montrer votre gratitude pour le don de l'air ? En jouissant de chaque souffle. Quand vous vous concentrez sur ce plaisir, vous pouvez prendre l'habitude d'aimer l'air, et vous pouvez en jouir au moins dix-sept ou dix-huit fois par minute. Simplement respirer est suffisant pour être toujours heureux, pour être toujours amoureux.

Mais c'est simplement une direction que l'amour peut prendre. Chaque activité de notre vie peut devenir un rituel d'amour. Nous avons besoin de nourriture, et nous pouvons faire avec la nourriture la même chose que nous faisons pour l'air. La nourriture est aussi de l'amour, et quand nous aimons notre nourriture, quand nous l'aimons vraiment et que nous en sentons la texture, c'est l'une des expériences les plus sensuelles que nous puissions faire. Il y a beaucoup d'amour dans l'action de manger, et si nous utilisons un nouveau mantra chaque fois que nous mangeons, nous accroissons le plaisir. Le mantra est juste le son : " Mmmm ". Si nous aimons notre nourriture chaque fois que nous mangeons, cela devient bien vite une habitude. Cela devient un rituel que nous utilisons pour donner nos remerciements, pour exprimer notre amour, et pour recevoir l'amour sans résistance.

La communication peut être un autre moyen d'exprimer notre amour. Chaque fois que nous partageons notre histoire ou que nous écoutons l'histoire d'une autre personne, nous pouvons pratiquer le partage de l'amour. L'une des tâches que je donnais souvent à mes apprentis, consistait à trouver au moins mille façons différentes de dire " je t'aime " en une semaine. Quand vous pratiquez toutes ces différentes façons de dire " je t'aime ", votre cœur s'ouvre complètement, pour entendre toute la création vous dire, " je t'aime ". Et vous n'avez pas besoin de justifier ou d'expliquer cet amour. Vous recevez juste l'amour et vous donnez juste l'amour, sans même essayer de comprendre, ou de fabriquer une histoire à ce sujet.

Quand vous avez le courage d'ouvrir totalement votre cœur à l'amour, un miracle se produit. Vous commencez à percevoir le reflet de votre amour en toutes choses. Alors manger, marcher, parler, chanter, danser, vous doucher, travailler, jouer – tout ce que vous faites devient un rituel d'amour. Quand toutes les choses deviennent un rituel d'amour, vous ne pensez plus ; vous ressentez, et vous profitez de la vie. Vous trouvez du plaisir dans chaque activité que vous faites, parce que vous aimez le faire. Être juste vivant est merveilleux, et vous vous sentez intensément heureux.

On m'a demandé : " Miguel, es-tu heureux tout le temps ? Est-ce qu'il ne t'arrive pas d'être grincheux ? " Être grincheux est complètement normal. Parfois, je suis grincheux quand je ne dors pas assez. Si je n'ai dormi que deux heures, je ne me sens pas bien quand je me réveille ; je sens *rrrraar* ! Mais ce *rrrrarr* n'est dirigé contre personne. Pourquoi serais-je déplaisant envers quelqu'un, juste parce que je me sens mal, et que mon corps me dit qu'il veut dormir encore ? Si je ne peux alors satisfaire mon corps, je finis de faire ce que j'ai à faire, et j'emmène mon corps au lit et je le fais dormir.

J'ai le droit d'être grincheux, mais ça ne signifie pas que je vais blesser ma chérie ou mes enfants ou mes amis ou les gens qui travaillent pour moi. Si nous sommes égoïstes et que nous nous sentions grincheux, nous croyons que personne n'a le droit d'être heureux autour de nous. Nous disons : “ Pourquoi riez-vous alors que je me sens si mal ? ” Ce n'est rien d'autre que de l'égoïsme, et nous sommes égoïstes avec les autres, parce que nous sommes égoïstes avec nous-mêmes. Quoi que nous projetions sur nous-mêmes, nous le projetons sur les autres. La façon dont nous nous traitons, est la façon dont nous traitons les autres.

Il est très facile d'écrire notre histoire. Pourquoi la rendre compliquée et difficile alors que l'amour est votre nature véritable ? En n'étant pas ce que vous êtes, vous résistez à l'amour, et vous avez peur de l'amour parce que vous croyez à l'un des plus gros mensonges, et ce mensonge est “ l'amour blesse ”. Comme je l'ai dit auparavant, l'amour ne blesse pas. L'amour nous donne du plaisir. Mais vous pouvez utiliser l'amour pour vous blesser vous-même. Quelqu'un peut vous aimer vraiment, mais vous n'appréciez pas cet amour, parce que vous entendez vos propres mensonges. Vous pouvez dire : “ Qu'est-ce que cette personne me veut ? Elle veut profiter de moi ? ” Qui sait ce que vous raconte le conteur ?

Si vous ne percevez pas l'amour, si vous ne pouvez pas reconnaître l'amour, c'est parce que vous reconnaissez seulement le poison en vous. Je suis responsable de ce que je dis, mais je ne suis pas responsable de ce que je comprends. Je peux vous donner mon amour, mais votre interprétation peut être que vous recevez des critiques, ou qui sait quoi. Seul votre conteur sait. Quand nous ne croyons plus en nos propres histoires, nous trouvons facile de nous aimer les uns les autres.

Les humains sont faits pour l'amour. Avant la connaissance, il était facile d'ouvrir notre cœur, de s'ouvrir à l'amour, et nous nous écartions simplement de ce que nous n'aimions pas. Mais avec la voix de la connaissance dans notre tête, nous nous éloignons de l'amour, et nous allons vers ce qui n'est pas l'amour. Nous avons toujours le choix, et si nous nous aimons, nous choisissons l'amour. Nous ne nous permettons pas d'être blessés en acceptant les opinions, ou les insultes des autres. Si les autres nous insultent, nous maltraitent, ils le font parce que nous restons là, parce que nous le permettons. Et si nous restons, c'est parce que nous croyons que nous méritons l'insulte, le mauvais traitement, et nous l'utilisons pour nous punir nous-mêmes. Si nous n'avons pas de conscience, nous faisons des reproches, alors que la solution est de ne pas blâmer. La solution, c'est de se soustraire, de n'être pas là.

Comment pouvez-vous croire quelqu'un qui dit : " Je vous aime ", et qui vous traite sans respect, avec violence émotionnelle ? Comment quelqu'un peut-il dire " Je vous aime ", alors qu'il veut contrôler votre vie, vous dire ce que vous devez faire, ce que vous devez croire ? Comment quelqu'un peut-il prétendre qu'il vous aime, et vous donner ensuite son ordure émotionnelle, la jalousie, et l'envie ?

Comment pouvons-nous dire à quelqu'un : " Je vous aime ", et avoir à son sujet des opinions hostiles, et essayer de le faire souffrir ? Je dois vous dire ce qui ne va pas avec vous parce que " je vous aime ". Je dois vous juger, vous trouver coupable, et vous punir, parce que " je vous aime ". Je dois vous donner tort tout le temps, et vous donner l'impression que vous n'êtes bon à rien, parce que " je vous aime ". Et parce que vous m'aimez, vous devez supporter ma colère, ma jalousie, toute ma stupidité.

Pensez-vous que c'est de l'amour ? Ce n'est pas de l'amour. Ce n'est rien d'autre que de l'égoïsme, et nous l'appelons amour. Et nous disons, " l'amour blesse ", mais nous nous blessons nous-mêmes avec nos mensonges. Le combat qui fait rage dans les relations amoureuses n'est que pur non-sens. Ce n'est pas de l'amour, et c'est pourquoi les gens ont faim d'amour.

Quand vous manquez d'amour, c'est ce que vous partagez dans une relation. Mais quand vous êtes ouvert à l'amour, vous recevez de l'amour, et si ce n'est pas de l'amour, vous ne devez pas être là. Vous êtes ouvert à l'amour, mais vous n'êtes pas ouvert à l'injure. Vous n'êtes pas ouvert aux reproches ; vous n'êtes ouvert au poison de personne parce que votre mental n'est plus un terrain fertile pour ce genre de graine. Quand vous vous aimez et vous respectez vous-même, il n'est pas possible que vous laissiez quelqu'un vous manquer de respect et vous déshonorer.

Beaucoup de gens viennent me dire : " Dieu, je veux que quelqu'un m'aime. Je veux faire entrer dans ma vie l'homme idéal ou la femme idéale. " Qu'est-ce que l'homme idéal, la femme idéale ? Ce n'est pas par rapport à eux. C'est par rapport à vous. Si cette personne entre dans votre vie, et que vous la traitiez de la façon dont vous vous traitez, c'est-à-dire avec égoïsme, alors vous allez utiliser cette personne pour vous blesser vous-même.

Comment pouvons-nous vouloir une relation alors que nous ne nous aimons même pas nous-mêmes ? Comment pouvons-nous prétendre aimer quelqu'un d'autre alors que nous ne nous aimons pas ? Quand vous vous sentez indigne, que vous ne vous respectez pas vous-même, vous ne respectez pas non plus votre partenaire. Si vous ne vous honorez pas, comment pouvez-vous honorer votre partenaire ? Comment pouvez-vous donner quelque chose dont vous ne disposez pas ?

La relation la plus belle et la plus idyllique doit commencer avec vous. Vous êtes responsable de la moitié de la relation : votre moitié. Quand vous vous respectez, vous respectez votre bien-aimé. Quand vous vous honorez, vous honorez votre bien-aimé. Et vous donnez de l'amour, et recevez de l'amour. Mais quand vous êtes plein de poison, c'est du poison que vous donnez. Quand vous vous maltraitez vous-même, vous voulez maltraiter votre bien-aimé. C'est juste un non-sens.

Quand vous entendez les histoires des gens, y compris la vôtre, vous n'entendez que des mensonges. Mais, derrière l'histoire, tout est amour, ce qui signifie que toutes les choses, tous les êtres, sont divins. Vous êtes divin, vous êtes parfait, mais, en tant qu'artiste, vous créez votre propre histoire et vous avez l'illusion que l'histoire est réelle. Vous passez votre vie à justifier cette histoire. Et, en justifiant l'histoire, vous gaspillez votre vie.

Comme je l'ai dit plus haut, la vie est très courte. Vous ne savez pas si vos enfants, ou vos amis, ou votre bien-aimé, seront encore là demain. Imaginez seulement que votre opinion soit si importante que vous ayez une querelle avec votre partenaire ou votre enfant. Vous perdez votre contrôle à cause de tous les mensonges auxquels vous croyez, et vous blessez réellement votre bien-aimé. Le lendemain, vous le trouver mort. Que ressentirez-vous alors, après lui avoir dit toutes ces choses que vous ne pensiez pas vraiment ?

Notre vie est si brève que chaque fois que je vois mes enfants, j'en profite le plus que je peux. Chaque fois que je le peux, je profite de la présence de ma chérie, de ma famille, de mes amis, de mes apprentis. Mais, surtout, je profite de ma présence, parce que je suis avec moi tout le temps. Pourquoi devrais-je passer mon précieux temps avec moi-même, à me critiquer, à me rejeter, à créer culpabilité et honte ? Pourquoi cèderais-je à la colère, à la jalousie ? Si je ne me sens pas bien émotionnellement, je cherche ce qui en est la cause, et j'arrange cela. Je peux alors recouvrer mon bonheur et continuer avec mon histoire.

Quand vous écrivez votre histoire avec amour, vous aimez inconditionnellement le personnage principal. C'est la différence la plus importante qu'il y a entre l'ancienne histoire, fondée sur des mensonges, et l'histoire nouvelle, fondée sur l'amour. Quand vous vous aimez inconditionnellement, vous justifiez et expliquez tout ce que vous percevez avec les yeux de l'amour. Quand ce nouveau personnage principal accroche votre attention, celle-ci est centrée sur l'amour. Maintenant, il est facile d'aimer tous les personnages secondaires de l'histoire inconditionnellement, parce que c'est la nature du nouveau personnage principal. C'est la sagesse ; c'est simple sens commun, et c'est le but de toutes les traditions dans le monde entier.

L'amour est très simple, très facile, merveilleux, mais l'amour commence avec vous. Chaque relation s'améliore quand vous vous aimez vous-même et que vous vivez avec la conscience de votre amour. Peu de gens savent aimer avec conscience, mais tout le monde sait aimer sans conscience. Quand vous aimez sans conscience, vous ne remarquez même pas que c'est de l'amour, que vous ressentez. Vous voyez un petit enfant vous sourire, et vous avez un sentiment pour cet enfant. C'est de l'amour, mais, bien sûr, la voix de la connaissance vous dit : " Ce n'est pas de l'amour. " Vous aimez souvent, mais vous ne remarquez même pas que vous aimez.

L'amour et le respect sont ce que nous devons aussi enseigner à nos enfants, et il n'y a pas d'autre façon de les leur enseigner, que de nous aimer et de nous respecter nous-mêmes. Il n'y a pas d'autre moyen. Encore une fois, nous ne pouvons donner que ce que nous avons, et non ce que nous n'avons pas. Je peux seulement faire part de ce que je connais. Je ne peux rien vous dire de ce que je ne connais pas. Mes parents m'ont appris ce que leurs parents leur avaient appris. Comment pouvaient-ils m'enseigner quelque chose de différent ? Ils ne pouvaient pas faire mieux que cela. Je ne peux pas faire de reproches à mes parents pour la programmation que j'ai reçue. Je ne peux pas blâmer mes maîtres pour la formation que j'ai reçue à l'école. Ils ont fait de leur mieux ; c'était la seule chose qu'ils connaissaient, et ils l'ont transmise à la génération montante.

La seule chance de rompre la chaîne des mensonges, c'est de changer les adultes, de nous changer nous-mêmes. Les enfants sont très attentifs, très conscients. Ils apprennent en observant ce que nous faisons ; ils apprennent ce qu'ils voient, pas juste ce que nous disons. Nous leur disons : “ Ne mens jamais à personne. ” Puis quelqu'un vient frapper à la porte, et nous disons : “ Dis-lui que je ne suis pas là. ” Ce que nous faisons à la maison, la façon dont nous nous comportons, la façon dont nous nous traitons mutuellement, c'est ce que les enfants apprennent. Si vous n'êtes jamais à la maison, cela devient un comportement normal pour eux. Quand ils sont adultes, ils ne sont pas non plus à la maison, et leurs enfants sont seuls. La façon dont nous parlons est la façon dont ils parlent. Si nous sommes grossiers à la maison, ils sont grossiers, aussi. S'ils reçoivent de la violence, ils en donneront. Si nous nous querellons et que nous manifestons notre colère et notre poison, nos enfants apprennent que c'est la façon d'être normale, et c'est ainsi qu'ils apprennent à écrire leurs propres histoires. Mais si à la maison, il y a respect et honneur, s'il y a de l'amour au foyer, c'est ce qu'ils apprennent.

En nous changeant nous-mêmes, en nous aimant nous-mêmes, le message que nous délivrons à nos enfants porte les graines de l'amour et de la vérité. Les graines pénètrent dans nos enfants, et elles peuvent changer leur vie. Imaginez comment nos enfants peuvent se développer quand nous partageons avec eux les graines de l'amour, à la place des graines de la peur, de la critique, de la honte ou des reproches. Imaginez comment ils grandiront si nous les respectons comme humains, tout comme nous, et que nous n'essayons pas de briser leur intégrité parce que nous sommes plus grands et plus forts. Imaginez ce qu'ils seront, quand nous leur apprendrons à être sûrs d'eux, à se sentir en sécurité en eux-mêmes, et à avoir leur propre voix. Imaginez comment toutes les choses changeront si nous apportons du respect dans n'importe quelle relation.

On m'a demandé pourquoi je ne travaille pas avec les enfants ; la raison en est qu'ils ont des parents. Quoi que je dise aux enfants, cela n'aura aucun effet, si les parents ne le font pas. Je préfère enseigner les parents et les enseignants, parce que c'est auprès d'eux que nos enfants apprennent. Notre avenir, en tant qu'espèce humaine, dépend des enfants. Les enfants prendront notre place un jour, et nous les formons à être comme nous. Imaginez seulement que vos parents vous aient conté une histoire différente quand vous étiez enfant. L'histoire de votre vie serait complètement différente. Mais vous pouvez encore changer votre histoire, et si vous avez des enfants, la seule façon de changer leur histoire, c'est de changer la vôtre.

Aimer est très facile ; ce n'est pas du tout un travail. Mais nous avons beaucoup de travail à faire, et ce travail consiste à désapprendre tous les mensonges que nous croyons. Désapprendre les mensonges n'est pas facile, parce qu'ils nous donnent un sentiment de sécurité ; nous leur sommes très attachés. Mais plus nous voyons la vérité, plus il est facile de nous détacher de nos mensonges. Transformer notre vie devient plus facile avec la pratique, et notre vie ne cesse de s'améliorer.

Plus nous avons d'amour, plus nous pouvons en donner et en recevoir. Le don et la réception mutuels, c'est le dessein d'une relation. Nous n'avons pas besoin d'une grande quantité de paroles. Mais si nous voulons échanger des paroles, nous n'avons besoin de rien de compliqué. Juste trois mots : “ Je t'aime. ” C'est suffisant. Ce qui vous rend heureux, ce n'est pas l'amour que les autres ressentent pour vous, c'est l'amour que vous ressentez pour les autres.

Quand nous éprouvons de l'amour, nous ne pouvons pas trouver les mots pour expliquer ce que nous ressentons vraiment, mais aimer est la plus grande expérience que nous puissions avoir. Faire l'expérience de l'amour, c'est faire l'expérience de Dieu ; c'est faire l'expérience du paradis ici et maintenant. Quand la voix de la connaissance n'accroche plus notre attention, notre perception devient plus large. Nous commençons à percevoir nos réactions émotionnelles, et aussi celles des autres. Puis nous commençons à percevoir les réactions émotionnelles qui viennent des arbres, des fleurs, des nuages, de toutes choses. Nous voyons l'amour venir de partout, même des autres gens. À un certain moment, nous sommes tout simplement en extase, parce qu'il n'y a plus d'accords pour expliquer cela.

Ce que nous appelons *amour* est quelque chose qui est si générique que nous ne savons pas en réalité ce qu'est l'amour. L'amour est beaucoup plus que ce que les mots peuvent décrire. Comme je l'ai déjà dit, nous ne pouvons réellement parler de la vérité. Il en va de même de l'amour. Le seul moyen de connaître véritablement l'amour, c'est de l'éprouver, d'avoir le courage de plonger dans l'océan de l'amour, et de le percevoir dans sa totalité. C'est le seul moyen, mais nous avons été programmés avec tant de peur, que nous ne voyons pas l'amour autour de nous. Nous cherchons l'amour chez les autres, alors qu'ils ne s'aiment pas eux-mêmes. Bien sûr, nous ne trouvons pas là l'amour ; nous ne trouvons qu'égoïsme et guerre de contrôle.

Vous n'avez pas à chercher l'amour. L'amour est là parce que Dieu est là ; la force de *vie* est partout. Nous, humains, créons l'histoire de la séparation, et nous allons à la recherche de ce que nous croyons ne pas avoir. Nous cherchons la perfection, l'amour, la vérité, la justice, et nous cherchons encore et encore, alors que tout est en nous. Tout est ici ; nous devons juste ouvrir notre œil spirituel pour le voir.

Il n'y a rien que vous deviez faire pour améliorer ce que vous êtes en réalité. La seule chose qui nous reste à faire, c'est de créer une belle histoire et de jouir d'une vie meilleure. Comment créer une belle histoire ? En étant authentique. Quand le personnage principal est authentique, il est facile d'écrire son histoire avec intégrité, avec sens commun, avec amour.

La vie est le don le plus formidable que nous recevons, l'art de vivre est l'art le plus grand. Comment maîtriser l'art de vivre ? La pratique fait le maître. Il ne s'agit pas d'apprendre ; il s'agit d'agir et de pratiquer votre art. En tant qu'artiste, si vous pratiquez l'amour, et que vous continuiez à pratiquer et pratiquer, le moment viendra où tout ce que vous faites sera une expression de votre amour. Comment saurez-vous que vous avez maîtrisé l'amour ? Quand l'histoire que vous vous racontez à vous-même sera une idylle ininterrompue.

Points à Méditer

- La meilleure façon d'écrire votre histoire, c'est avec amour. L'amour est le matériau qui vient directement de votre intégrité, de ce que vous êtes vraiment.

- Quand vous introduisez l'accord du respect de soi, beaucoup de jugements propres finissent là, et la plus grande partie du rejet de soi finit là, aussi. Alors vous pouvez permettre à la voix de parler, mais le dialogue est beaucoup mieux. Vous vous surprenez à sourire et vous amuser, même quand vous êtes tout seul.

- Quand vous aimez votre propre présence, vous vous aimez, non pas à cause de la façon dont vous êtes, mais à cause de *ce que* vous êtes. Plus vous vous aimez, plus vous aimez votre vie, et plus vous aimez la présence de chacun.

- Chaque activité de votre vie peut devenir un rituel d'amour – manger, marcher, parler, travailler, jouer. Quand toutes les choses deviennent un rituel d'amour, vous ne pensez plus ; vous sentez. Le simple fait d'être vous rend intensément heureux.

- Quand vous vous aimez inconditionnellement, vous justifiez et expliquez tout ce que vous percevez avec les yeux de l'amour. Votre attention est concentrée sur l'amour, et cela facilite la sensation de l'amour inconditionnel pour tous les personnages secondaires de votre histoire.

- Le seul moyen de connaître l'amour, c'est d'éprouver de l'amour, d'avoir le courage de sauter dans l'océan de l'amour, et de le percevoir dans sa totalité. Quand vous éprouvez de l'amour, vous ne pouvez trouver les mots pour expliquer ce que vous sentez, mais vous voyez l'amour venir de chacun, de chaque chose, de partout.

11

OUVRIR NOTRE ŒIL SPIRITUEL

Une réalité d'amour tout autour de nous

UN ACCIDENT DE VOITURE, QUI FUT SI GRAVE QUE JE FAILLIS perdre la vie, fut une autre occasion qui me fut offerte de rencontrer la vérité. Il n'y a pas de mots pour expliquer ce que j'ai éprouvé, mais la vérité rendit évident que ce en quoi je croyais était un mensonge. Comme la plupart des gens, je croyais que j'étais mon mental, mon corps physique. Je vis dans mon corps physique ; c'est ma demeure, et je peux la toucher. Dans mon expérience du seuil de la mort, je pouvais voir mon corps physique endormi au volant de ma voiture. Si je percevais mon corps physique de l'extérieur de mon corps, il était évident que je n'étais pas mon mental, ni mon corps physique. La question devint alors : *Qui suis-je ?*

À partir du moment où je fis ce face à face avec la mort, je commençai à percevoir une autre réalité. Mon attention s'élargit tant qu'il n'y eut plus ni futur ni passé ; il y avait seulement le maintenant éternel. La lumière était partout, et tout était plein de lumière. Je pouvais sentir ma perception traverser ces différentes réalités, jusqu'à ce que je recouvre l'attention, et sois en mesure de me concentrer sur un univers à la fois. J'étais dans la lumière, et c'était un moment de conscience totale, de perception pure. À un certain moment, je sus que la lumière a toute l'information au sujet de toute chose, et que tout est vivant. Je peux dire que j'étais avec Dieu, que j'étais dans la béatitude, que j'étais dans un état d'extase, mais ce ne sont que des mots que je connais.

Après l'accident, ma perception du monde changea encore, parce que je savais, d'une façon plus que théorique, que je ne suis pas ce corps physique. Et je commençai une quête qui était différente de ma quête avant l'accident.

Avant l'accident, je cherchais la perfection, une image pour satisfaire le personnage principal de mon histoire. Après l'accident, je sus que ce que je cherchais était quelque chose que j'avais perdu : moi-même.

Il me fallut plus d'une année pour que je me remette du choix d'avoir vu ma propre création de l'extérieur de mon corps. Ma première réaction, après l'accident, fut d'essayer de nier ce qui était arrivé. Je tentai de puiser une impression de sécurité dans mon monde de mensonges, et de me dire à moi-même : “ Ce n'est pas vrai, c'est juste une illusion. ” Je pensais que c'était sûrement une hallucination causée par l'accident. J'inventai toutes sortes d'histoires pour justifier cette expérience, et je sais que beaucoup de gens font la même chose. Ils essaient de l'oublier, de continuer avec leur histoire ordinaire. Mais quelque chose, profondément, me disait : “ Non, c'est réel ”. Heureusement pour moi, je me suis mis à douter, et j'ai pensé : “ Et si cette expérience était réelle et que tout le reste soit une illusion ? ”

Après cette expérience, je ne fus plus le même, parce que je ne pouvais plus croire à mon histoire. J'avais besoin de beaucoup de réponses, et je me mis à lire toutes sortes de livres pour les trouver. Certaines personnes décrivaient une expérience semblable, mais pratiquement personne ne pouvait expliquer ce qui était arrivé. Je terminai mes études de médecine, revins à la maison, et allai voir directement mon grand-père, pour lui raconter mon expérience. Il se mit à rire et dit : “ Je savais que la vie te ferait voir la vérité avec la méthode forte. Et c’est ce qui t’est arrivé, parce que tu as toujours été obstiné. ”

Je dis à mon grand-père que je voulais faire encore une fois l’expérience de la réalité pour voir si elle était vraie – sans accident, bien sûr. Mon grand-père me dit : “ Le seul moyen d’y parvenir, c’est de lâcher prise à tout, de tout abandonner, exactement comme tu l’as fait quand tu étais mort. Quand tu meurs, tu perds tout, et si tu mènes ta vie comme si tu avais déjà tout perdu, tu auras à nouveau cette expérience. ” Il me donna beaucoup d’indications, et j’essayai à de nombreuses reprises de faire ce qu’il m’avait dit, mais j’échouai. Quand mon grand-père mourut, je n’y étais pas encore parvenu.

Ma mère me donna une explication un peu différente. Elle me dit : “ La seule façon pour toi de faire l’expérience de cette réalité, c’est de maîtriser le *rêve.* Pour faire cela, tu dois te détacher complètement de ce que tu crois être. Tu dois abandonner l’histoire de ta vie. C’est juste comme le moment qui précède le sommeil – quand tu es si fatigué que tu ne peux plus garder les yeux ouverts. À ce moment, tu te détaches de tout ; tu ne te soucies de rien dans ton histoire, parce que tout ce que tu veux, c'est dormir. Quand tu pourras faire cela sans t'endormir, tu auras à nouveau l'expérience. "

Je demandai à ma mère de m'aider, et parce qu'elle avait de la compassion pour moi, elle choisit vingt et une personnes pour s'entraîner à rêver. Chaque dimanche, pendant trois heures, nous pratiquions le 'rêve' de huit heures à douze heures. Aucune des vingt et une personnes ne manqua un dimanche. Il y avait huit ou neuf médecins, avocats, et des personnes diverses. Mais, selon ma mère, il n'y en eut que trois qui le firent vraiment. Heureusement, j'en faisais partie, et après la première année de rêve, j'eus finalement l'expérience avec une pleine conscience. Ça y était ; après cela, les deux autres années de 'rêve' furent l'expérience la plus formidable de ma vie.

Chaque fois que j'entrais dans un état d'extase, je pouvais rester un peu plus longtemps. Quelques jours plus tard, je reperdais cela, et je retombais dans mon état ordinaire, celui qui avait été le mien la plus grande partie de ma vie. Mais j'étais déterminé à faire l'expérience de cet état tout le temps. Je ne pouvais pas vivre différemment. Il me fallut trois ou quatre mois pour avoir l'expérience pour la troisième fois, mais ça se reproduisit, et maintenant, je restais plus longtemps. Cela devint de plus en plus facile, et chaque fois je restais de plus ne plus longtemps, jusqu'à ce que l'état devînt ma réalité normale.

D'abord, il fut difficile de fonctionner dans la réalité ordinaire ; surtout dans un hôpital, exerçant la fonction de médecin. J'avais l'impression que rien n'avait de sens, mais, à certains égards, je fonctionnais mieux. C'est comme si je pouvais voir deux réalités en même temps. Je pouvais voir ce qui est vraiment, mais je pouvais voir aussi les histoires. Et, à un certain moment, ce fut un grand choc de me voir mentir, et de voir mentir tous les gens qui m'entouraient. Je n'avais aucun jugement à ce propos, mais je pouvais voir les gens faire un non-sens de leur vie. Je pouvais les voir créer drame et douleur émotionnelle. Ils étaient bouleversés par des choses qui n'avaient aucune importance. Ils fabriquaient des histoires et mentaient à propos de tout. C'était quelque chose de stupéfiant, voire d'amusant, de les voir faire cela. Mais je devais m'empêcher de rire, parce que je sais qu'ils auraient pris cela personnellement. Ils ne pouvaient pas voir leurs propres histoires, parce qu'ils étaient aveugles.

Les gens ont le droit de vivre comme ils l'entendent. Mais si vous avez eu l'expérience que j'ai décrite, vous pouvez comprendre. Certainement, beaucoup de gens ont eu la même expérience, mais par peur, ils tentent de nier ce qui est arrivé. Souvent, pendant un atelier, je vois des gens aller très haut dans l'amour, et ils comprennent énormément de choses. Mais s'ils voient quelque chose dans leur histoire qu'ils n'aiment pas, ils nient toute l'expérience et prennent la fuite, en émettant beaucoup de critiques. C'est ce qui arrive tout le temps, mais c'est très bien comme ça, parce que c'est toute la vérité qu'ils peuvent manier.

Il m'a fallu beaucoup d'années pour triompher dans le conflit entre la vérité et ce qui n'est pas la vérité, parce que nos mensonges sont très séduisants. La tentation de croire aux mensonges est très forte, mais l'accident de voiture me projeta à un autre point de référence. Et maintenant, je sais qu'il y a une autre réalité, ici et maintenant, et qui est plus que la réalité de lumière et de son que nous percevons ordinairement. Il y a beaucoup de réalités, mais nous ne percevons que celle sur laquelle nous concentrons notre attention.

Je peux dire, selon mon histoire, que la réalité dont j'ai fait l'expérience est une réalité d'amour. L'énergie de l'amour est comme la lumière qui vient du soleil. La lumière du soleil se divise en des milliers de couleurs différentes, et la lumière semble différente selon la surface qui réfléchit la lumière. C'est pourquoi nous pouvons voir des couleurs différentes, des formes différentes. Pour moi, c'est la même chose qui se produit dans cette réalité de l'amour. On perçoit le reflet des émotions venant de chaque objet, et, comme pour la lumière, l'émotion de l'amour semble différente, selon ce qui reflète l'amour. Le corps émotionnel crée une entière réalité devant vos yeux, à la place de la réalité de la lumière. Bien sûr, c'est presque impossible de traduire cela en mots, mais je pense que ça vaut la peine d'essayer.

Je voudrais que vous fassiez usage de votre imagination pour essayer de comprendre ce que je dis. Je voudrais que vous imaginiez que les êtres humains ont été aveuglés pendant des milliers d'années. Nous n'avons aucune idée de l'existence de la lumière, parce que nous ne voulons tout simplement pas ouvrir les yeux. Mais nous développons nos autres sens, et nous créons une réalité entièrement virtuelle grâce au son. Comme des chauves-souris, nous reconnaissons les objets grâce à la résonance du son. Nous donnons un nom à chaque objet, chaque émotion ; nous créons un langage, nous créons la connaissance, et nous communiquons grâce au son. C'est notre réalité – une réalité du son.

Imaginez alors que, pour la première fois dans votre vie, vous ouvriez les yeux et que vous perceviez la lumière. Soudain, une réalité pleine d'objets, de formes, et de couleurs, apparaît devant vous. Vous ne pouvez pas comprendre cette réalité parce que vous n'aviez jamais vu la lumière. Pour la première fois, vous voyez des fleurs et des nuages et de l'herbe et des papillons. Vous voyez la pluie, la neige, les océans, les étoiles, la lune, le soleil. Peut-être ne percevez-vous pas ces choses comme des objets séparés, parce que vous ne savez pas ce que vous percevez. Vous ne pouvez rien nommer de ce que vous voyez ; il n'y a pas de mots pour décrire votre expérience. Vous devez utiliser l'univers du son pour expliquer l'univers de lumière. Vous essayez de comparer les couleurs avec les sons, les formes avec les mélodies. Vous dites : “ La couleur rouge est comme ce genre de ton dans l'échelle musicale. Cet océan est comme une symphonie. ”

Imaginez votre réaction émotionnelle, en voyant tant de couleurs et de beauté pour la première fois. Vous êtes submergé par l'émotion, et des larmes coulent de vos yeux. En percevant toute cette beauté, votre cœur commence à s'ouvrir, à s'élargir, et l'amour s'en écoule. Si vous essayez de décrire vos émotions, vous dites : “ Je suis dans le bonheur, je suis dans l'extase, je suis dans un état de grâce. ” Alors vous fermez les yeux, et, à nouveau, vous ne percevez que la réalité du son. Maintenant, même si vous le voulez, vous ne pouvez plus rouvrir les yeux.

Comment pouvez-vous expliquer cette expérience qui vous arrive, alors qu'il n'y a pas de mots qui puissent la traduire ? Comment pouvez-vous expliquer une couleur ou une forme, l'aspect d'un papillon ? Comment pouvez-vous partager cette expérience avec d'autres gens s'ils n'ont jamais vu la lumière ? Comment pouvez-vous croire que la réalité du son soit la seule qui existe ?

Maintenant nous pouvons comprendre pourquoi Moïse descendit de la montagne et parla de la “ terre promise ”. Nous pouvons comprendre ce que le Christ ressentit après avoir passé quarante jours dans le désert, quand il parla du Royaume du Ciel. Ou quand le Bouddha eut son grand éveil sous l'arbre de la bodhi, et parla du Nirvâna. Quand vous ouvrez votre œil spirituel, la première chose que vous dites, est : “ Je suis avec Dieu et les anges. Je suis au ciel, au paradis, où tout est si beau. Dans la cité de Dieu, seule la beauté et la bonté existent ; il n'y a pas de place pour la peur ou la souffrance. Il n'y a que beauté. " Les gens voient que vous avez changé. Ils voient votre réaction émotionnelle et savent que quelque chose de profond vous est arrivé.

Selon mon point de vue, la réalité dont j'ai fait l'expérience est tout cela ensemble ; c'est tout le temps l'extase. Dans ma mythologie personnelle, j'ai fait l'expérience de la réalité de la vérité, la réalité de l'amour. C'est une réalité qui appartient à nous tous, mais, tout simplement, nous ne la voyons pas. Et si nous ne la voyons pas, c'est parce que nous sommes aveuglés par tous les mensonges pluri-millénaires. Si vous pouvez ouvrir ce que j'appelle *les yeux spirituels*, vous percevrez *ce qui est* sans les mensonges, et je peux vous assurer que votre réaction émotionnelle sera prodigieuse. Pour vous, que votre histoire soit juste un rêve, ce n'est plus une théorie. Le paradis est la vérité, mais l'histoire que vous percevez maintenant n'est pas la vérité ; c'est une illusion.

Ce qui est réel est très beau, et il n'y a pas de mots pour l'expliquer, mais c'est là. Il y a toute une réalité créée par le reflet des émotions, et dans cette réalité, vous pouvez voir que ce qui est réel, c'est votre amour. Je sais que je percevais cette réalité avant d'avoir appris à parler. Je sais que, avant la voix de la connaissance, nous percevions tous cette réalité tout le temps. Ce que vous êtes est quelque chose d'incroyablement magnifique. Et pas seulement les êtres humains, mais aussi chaque animal, chaque fleur, chaque rocher, parce toutes les choses sont pareilles. Quand vous ouvrez votre œil spirituel, vous voyez la simplicité de la vie. Je suis la vie, et vous êtes la vie. Il n'y a pas d'espace vide dans l'univers, parce que chaque chose est pleine de vie. Mais la vie est une force que vous ne pouvez voir. Vous voyez seulement les effets de la vie, le processus de la vie en action.

Vous voyez une fleur s'ouvrir ou un arbre dont les feuilles changent de couleur et tombent sur le sol. Vous voyez un enfant grandir. Vous voyez un humain vieillir. Vous avez le sens du temps, mais ce n'est rien que la réaction de la vie passant à travers la matière. Vous ne vous voyez pas vous-même, mais vous voyez la manifestation de la vie dans votre corps physique. Si vous pouvez bouger votre main, vous pouvez voir la manifestation du fait d'être vivant. Si vous entendez votre voix, vous entendez la manifestation du fait d'être vivant. Vous voyez votre propre corps physique, et vous le voyiez alors que vous aviez de petites mains et une peau très fraîche, puis de grosses mains. Vous voyez tous ces changements dans votre propre corps physique, mais vous sentez encore que vous êtes la même personne.

La meilleure description de ce que vous êtes que je peux faire, c'est que vous êtes une force de vie qui transforme tout. Cette force fait mouvoir chaque atome de votre corps physique. Cette force crée chaque pensée. L'esprit de la vie s'exprime au moyen de votre corps physique, et votre corps physique peut dire : " Je suis vivant ", parce que cette force de transformation vit dans chaque cellule de votre corps physique. Cette force a la conscience de percevoir une entière réalité, cette force sent toutes choses. Votre corps physique vous perçoit maintenant. Votre corps peut vous sentir, et quand votre corps vous sent, il entre en extase. Votre mental peut aussi vous sentir, et quand votre mental vous sent, vous pouvez éprouver un amour et une compassion si intenses, que vous ne pensez plus.

Je vois mon corps physique comme un miroir où la vie, grâce à la lumière, peut se voir elle-même. Je vois mon corps physique comme l'évolution de la vie. La vie évolue, elle fait pression sur la matière, elle crée. La création de l'humanité n'est pas achevée. La création de l'humanité se produit maintenant dans votre corps physique. Cette force vous aide à évoluer. Cette force vous fait percevoir, analyser, rêver, et créer une histoire au sujet de tout ce que vous percevez.

La vie est cette force que Dieu utilise pour créer toute chose à tout instant. Il n'y a pas de différence entre les humains, les chiens, les chats, les arbres. Tout est mû par la même force de vie. Selon mon point de vue, je suis cette force. Grâce à la vie, je crée mon art, je crée toute mon expérience, et c'est stupéfiant. À cause de moi, j'ai des émotions. À cause de moi, je crée de la connaissance, et je peux parler. À cause de moi, je crée l'histoire. La force qui me fait penser et raconter mon histoire, est la même force qui vous fait lire et comprendre. Il n'y a pas de différence, et cela se produit maintenant.

Je me vois vieillir, et je sais qu'un jour je quitterai ce corps physique. Quand je quitterai ce corps physique, le corps retournera à la terre, mais la vie ne peut être détruite. La vie est éternelle. Il fut très clair pour moi, quand je fis ma rencontre avec la vérité, que la vie est une force unique agissant dans des milliards de directions dans la création de l'univers. Cette force ne meurt jamais. Nous sommes la vie, et la vie est immortelle. Nous sommes indestructibles, et je pense que c'est une très bonne nouvelle.

Une fois que votre œil spirituel s'est ouvert, vous voyez le rêve de votre vie, vous voyez combien de fois vous avez gaspillé votre vie en intérêts mesquins, en jouant avec ce drame insensé et insignifiant. Vous voyez comment vous vous empêchez de jouir d'une réalité d'amour, une réalité de joie.

Avec votre attention concentrée sur ce que vous croyez, vous ne pouvez pas percevoir cette autre réalité. Si votre attention est accrochée par la voix de la connaissance, vous voyez seulement votre connaissance. Vous voyez seulement ce que vous voulez voir, pas ce qui est réellement là. Vous n'entendez que ce que vous voulez entendre, pas ce qui vous exprime vraiment son amour. Vous ne vous mettez en relation qu'avec ce que vous croyez, qu'avec ce que vous savez, qu'avec ce que vous pensez être, ce qui signifie que vous vous mettez en relation avec votre histoire. L'histoire est votre création, et que vous le croyiez ou non, votre corps physique est aussi votre création, parce que ce que vous êtes vraiment, c'est votre force de vie.

Nous ne sommes tous qu'un seul être vivant, et nous venons du même endroit. Il n'y a aucune différence entre nous ; nous sommes pareils. Vous pouvez regarder votre main, et voir qu'il y a cinq doigts. Si vous fixez votre regard sur un doigt à la fois, vous pouvez croire qu'ils sont différents, mais c'est une seule main. C'est la même chose avec l'humanité. Il y a seulement un être vivant, et cet être est une force qui meut chacun de nous, comme un doigt d'une main. Mais tous les doigts appartiennent à une seule main. Les humains partagent le même esprit ; nous partageons la même âme. Il n'y a pas de différence entre moi et vous – pas à mes yeux. Je sais que je suis vous, et je n'ai aucun doute parce que je peux voir de cette façon.

Derrière votre histoire, il y a le vous véritable, et il est plein d'amour. La bonté est juste là, parce que ce que vous êtes est bonté. Vous n'avez pas à essayer d'être bon ; vous devez juste cesser de prétendre être ce que vous n'êtes pas. Vous êtes un avec Dieu, et cette union est sans effort. Dieu est ici, et vous pouvez sentir la présence de Dieu. Bien sûr, si vous ne ressentez pas la présence de Dieu, vous devez vous détacher de l'histoire, parce que la seule chose qui s'interpose entre vous et Dieu, c'est votre histoire.

Quand vous vous êtes vous-même trouvé, que vous avez découvert qui vous êtes vraiment, vous ne pouvez expliquer ce que vous êtes, parce qu'il n'y a pas de mots pour le traduire. Si vous utilisez la connaissance, vous ne savez jamais qui vous êtes, mais vous savez ce que vous êtes parce que vous existez. Vous êtes vivant, et vous n'avez pas besoin de justifier votre existence.

POINTS À MÉDITER

- Il y a une autre réalité ici et maintenant, et elles est plus que la réalité de lumière et de son que nos percevons ordinairement. Dans cette réalité, nous pouvons percevoir le reflet des émotions venant de chaque objet. Dans cette réalité, ce qui est réel, c'est notre amour.

- La réalité de la vérité, la réalité de l'amour, est une réalité qui nous appartient. Avant la voix de la connaissance, nous percevions tout le temps cette réalité. Si nous ne la voyons pas maintenant, c'est parce que nous sommes aveuglés par tous les mensonges pluri-millénaires.

- L'énergie de l'amour est comme la lumière qui vient du soleil. Comme la lumière du soleil, l'émotion de l'amour semble différente, selon ce qui reflète l'amour.

- Si vous ouvrez votre œil spirituel, vous percevez *ce qui est* sans les mensonges. Pour vous, que votre histoire soit seulement un rêve, ce n'est plus seulement une théorie. Le paradis est la vérité, mais l'histoire que vous percevez maintenant n'est pas la vérité ; c'est une illusion.

- La vie est une force que l'on ne peut voir. On ne voit que les effets de la vie, le processus de vie en action. Vous ne vous voyez pas vous-même, mais vous voyez la manifestation de la vie dans votre corps physique. Vous avez le sens du temps, mais ce n'est rien que la réaction de la vie qui passe à travers vous.

- Ce que vous êtes est quelque chose d'incroyablement magnifique. Vous êtes la vie – pas seulement vous, mais chaque animal, chaque fleur, chaque rocher est vie, parce que chaque chose est pleine de vie. Nous ne sommes tous qu'un seul être vivant, et nous venons du même endroit.

12

L'Arbre de vie

L'histoire décrit un cercle complet

Je crois que tout être humain est un ange qui a un message pour vous. Vous êtes aussi un ange – peut-être que vous ne le savez pas, mais vous êtes aussi un ange. Les humains partagent toujours des opinions et délivrent des messages. N'est-ce pas vrai ? Nous avons hâte que nos enfants aient grandi pour pouvoir leur enseigner ce que nous savons. Nous voulons mettre toutes ces graines dans leur petite tête : ce qui est juste, ce qui est faux ; ce qui est bien, ce qui est mal. Et quel est le message que nous délivrons à nos enfants ? Fais ce que je dis, mais ne fais pas ce que je fais ? Dis la vérité alors que je mens tout le temps ?

Il y a deux sortes d'anges : les anges qui font part de la vérité, et les anges qui font part des mensonges. La question qui se pose est : Quelle sorte d'ange sommes-nous ? Quel genre de message délivrons-nous ? Quand les humains vivaient au Paradis avant la connaissance, nous étions des anges qui faisaient part de la vérité. Quand nous avons mangé le fruit de l'Arbre de la Connaissance, et que l'ange déchu se reproduisit dans notre mental, nous devînmes, nous les humains, des anges déchus. Nous sommes des anges déchus parce que nous délivrons des mensonges, et nous ne savons pas que nous mentons.

La voix de l'ange déchu est si forte que nous ne pouvons entendre l'autre voix qui est silencieuse, ce que nous appelons *la voix de l'esprit*, notre *intégrité, la voix de l'amour.* La voix silencieuse est toujours là. Avant que nous apprenions à parler, alors que nous n'étions vieux que d'une ou deux années, nous avons écouté cette voix.

Quand j'étais enfant, je regardais souvent Donald le Canard, le dessin animé de Walt Disney. D'un côté de la tête de Donald, il y avait un ange, et de l'autre, un diable, et tous deux lui parlaient. C'est tout à fait réel. Le conteur est ce diable. Vous avez une voix qui vous dit pourquoi vous n'êtes pas assez bon, pourquoi vous ne méritez pas l'amour, pourquoi vous ne pouvez avoir confiance, pourquoi vous ne serez jamais grand ou beau, belle, ou parfait. La voix ment, et le seul pouvoir qu'elle a, c'est le pouvoir que vous lui donnez.

La connaissance a une voix forte ; elle n'est pas silencieuse. La voix de votre esprit est silencieuse parce qu'elle n'a pas besoin de vous parler. Votre corps n'a pas besoin de savoir comment être parfait de votre point de vue, parce qu'il est parfait. Quand vous naissez, vous ne savez pas ce que vous êtes, pas avec des mots. Mais votre corps sait ce qu'il est, et il n'a pas besoin de l'expliquer avec des mots, de même que votre foie n'a pas besoin d'aller à la faculté de médecine pour fonctionner avec le reste de votre corps. Il sait ce qu'il a à faire.

Il y a d'autres choses que vous connaissez simplement. Si vous êtes une femme, vous n'avez pas besoin d'apprendre à être une femme ; vous n'avez pas besoin d'apprendre à développer un fœtus ou accoucher d'un bébé. Par nature, vous êtes ce que vous êtes ; vous n'avez pas besoin d'apprendre ce que vous êtes. C'est la connaissance silencieuse. Vous savez simplement. Vous pouvez sentir la connaissance silencieuse quand vous fermez les yeux. Vous pouvez sentir la connaissance silencieuse chaque fois que vous respirez.

Vous êtes un ange, et votre vie est votre message. Mais quel genre d'ange voulez-vous être ? Vous ne pouvez servir deux maîtres. Vous ne pouvez faire part des mensonges, et faire part de la vérité en même temps. Est-ce compréhensible ?

La connaissance était dans ma vie le plus grand tyran. J'étais un esclave de la connaissance, mais la connaissance n'a plus de pouvoir sur moi. Et elle n'a pas de pouvoir sur moi parce que je n'y crois plus. Je n'accepte plus cette voix dans ma tête, qui me dit pourquoi personne ne m'aime, pourquoi je n'en suis pas digne, pourquoi je ne suis pas parfait. Maintenant, la connaissance est juste un instrument de communication. Ce que je connais est merveilleux parce que, grâce à la connaissance, je peux vous parler et vous pouvez me comprendre. C'est ce que je fais en ce moment – communiquer avec la connaissance. Tout ce que je vous dis est l'expression de mon art. De la même façon que Picasso utilisait de la couleur pour faire un portrait, j'utilise la connaissance pour faire un portrait de ce que je vois et sens.

Il y a trois ou quatre mille ans, les humains s'aperçurent que la connaissance était contaminée par les mensonges. Si nous retirons tous les mensonges de notre connaissance, nous reviendrons au paradis que nous avons perdu. Nous reviendrons à la vérité, à l'amour, et nous et Dieu serons réunis. Maintenant, nous voyons que l'histoire d'Adam et Ève n'est pas seulement une fable, mais un symbole créé par un maître qui a découvert la même chose que les Toltèques ont trouvée. Le créateur de cette histoire savait à l'évidence la vérité, et le symbolisme est très beau.

Oui, l'ange déchu qui vivait dans l'Arbre de la Connaissance originel fut reproduit chez chaque humain, et il contrôle encore maintenant nos vies. Nous sommes possédés, mais il n'y a pas de raison d'avoir peur. Le gros démon est juste un mensonge, et ses mensonges ne nous ont pas encore détruits. Ils ont fait de leur mieux, mais ils ont échoué, parce que nous sommes plus puissants que cet ange déchu. Nous ne sommes qu'un seul être vivant, et cela fait des milliers d'années que nous vivons dans ce monde.

Adam et Ève ne moururent pas. Ils sont ici parce que nous sommes ici. Vous êtes Adam, et vous êtes Ève. Et nous nous efforçons de revenir au lieu d'où nous venons – le Paradis, ce lieu d'amour et de vérité. Vous savez qu'il est là, parce que vous l'avez dans votre mémoire. Vous étiez là à votre naissance, et pendant la première et la deuxième année de votre vie, vous étiez physiquement là.

Les prophéties des différentes philosophies du monde, nous disent que nous revenons à ce lieu d'amour. Certains l'appellent le Royaume du Ciel ; d'autres, le Nirvâna, ou la Terre Pure. Les Toltèques l'appellent le Rêve de l'Attention Seconde. Chaque philosophie a un nom différent, mais la signification est la même : c'est un lieu de joie et d'amour. C'est un lieu d'unité, l'unité de tous les corps. C'est la réunion avec la vie, parce que nous sommes la manifestation d'un seul être vivant qui existe.

Les Toltèques croient qu'un jour le sens commun gouvernera le rêve de l'humanité. Quand cela se produira, nous découvrirons que tout, choses et gens, est parfait. Il faudra du temps pour réaliser les rêves de ces prophètes qui savaient que cela arriverait. Ils parlaient d'une société d'amour et de bonheur, parce qu'ils menaient ainsi leur vie, et ils savaient que nous étions tous un seul et même être. Si une personne peut atteindre un tel lieu, tout le monde le peut. Il y a aussi des prophètes qui parlent de destruction et de peur, mais je crois que nous, humains, évoluons dans la bonne direction. Le seul problème, c'est que nous sommes des milliards, et pour que la société entière change, il faut faire de grands efforts. Mais ce n'est pas impossible.

Tout peut changer, et tout changera. Cela prend du temps. Au cours du dernier siècle, des changements rapides, dans la science et la technologie, se sont produits. La psychologie a pris un peu de retard, mais elle le rattrapera. Le monde, dans notre société actuelle, est très différent de la société dans laquelle nous vivions il y a quarante ou cinquante ans. Il y a moins de mensonges aujourd'hui qu'il n'y en avait il y a huit cents ans. En considérant notre évolution, je suis optimiste : nous recouvrerons le paradis.

Imaginez simplement que, un beau matin, vous vous réveilliez dans l'Europe médiévale. Vous voyez les gens souffrir parce que leur vie est régie par la superstition ; ils vivent dans une peur constante à cause des mensonges auxquels ils croient. Pensez-vous que vous pourriez vivre comme vous le faites à présent ? Je ne le crois pas. Imaginez que vous soyez une femme qui désire faire part aux autres des croyances qui gouvernent votre vie maintenant. Vous pouvez voir que vous n'avez pas de place dans leur rêve. Pour vous, leur rêve est un véritable cauchemar. Vous voulez dire aux femmes qu'elles ne doivent plus souffrir, qu'elles ne doivent plus être maltraitées. Vous voulez leur dire qu'elles sont humaines, aussi, qu'elles ont une âme, qu'elles ont le droit d'être heureuses, et de s'exprimer dans la vie.

Comment pensez-vous que l'on vous jugera si vous faites part de ces idées ? Sûrement, on vous dira que vous êtes mauvaise, que vous êtes possédée, que le diable parle par votre bouche. Ils vous auraient sûrement brûlée vive. Si vous pensez que notre société présente est un enfer, qu'en est-il alors de cette société-là ? Pour nous, il est évident que les règles sociales, morales, et religieuses de cette époque, étaient fondées sur des mensonges, mais pour les gens de cette époque, ce n'était pas évident.

Il se peut que les mensonges que vous croyez à votre propre sujet ne soient pas évidents pour vous, mais vous pouvez voir les résultats de ce que vous croyez. Et quels sont-ils ? La façon dont vous menez votre vie. Quand vous croyez en la vérité, le résultat est bonheur, amour, bonté. Vous êtes bien avec vous-même et vous êtes bien avec toutes choses. Si vous n'êtes pas heureux, c'est parce que vous croyez en des mensonges. C'est l'origine de tout conflit humain. Toute votre souffrance vient du fait que vous croyez en des mensonges.

Comment pouvons-nous arrêter toute l'injustice humaine, toute la guerre, toute la destruction de notre Mère

Terre ? En ne croyant pas en des mensonges. Ça a l'air très simple, mais vous ne pouvez pas imaginer combien il est compliqué de réordonner le système de croyance d'un pays entier, ou de tout le genre humain. Les humains ne veulent pas que leurs mensonges soient remis en question, parce qu'ils ne contrôlent pas leur mental. Qui contrôle le mental humain ? Les mensonges exercent un contrôle total sur l'humanité. C'est ce que vous apprenez dans n'importe quelle école mystérique quand vous atteignez un certain degré de préparation. C'est quelque chose de très simple, mais c'est l'une des révélations les plus élevées dans n'importe quelle école mystérique.

L'ennemi véritable, ce sont les mensonges, et c'était le secret le mieux gardé dans la plupart des traditions, parce que l'on croyait que quiconque connaîtrait cela exercerait un pouvoir sur les autres, et qu'il pourrait en faire mauvais usage. C'était une excuse, et je pense que ceux qui comprenaient la vérité avaient probablement peur d'en faire part. Pourquoi ? Parce que les gens qui croyaient en des mensonges seraient effrayés par la vérité, et les brûleraient vifs. En fait, c'est ce qui arriva parfois.

Comment alors recouvrerons-nous le paradis perdu ? La solution est simple : la vérité nous libèrera. C'est la clef du retour au paradis. Quand vous recouvrez la vérité, *votre* vérité, un miracle se produit. Vous ouvrez votre œil spirituel, et revenez au ciel. Le ciel est la plus belle histoire faite avec amour, et devinez qui crée le ciel. Nous. Nous créons notre propre ciel. Le ciel est une histoire ; c'est un rêve que nous, en tant que vie, pouvons créer. Mais pour que la vie crée le ciel, le personnage principal de notre histoire doit s'abandonner à la vie, et permettre à la vie de se manifester sans les mensonges.

Le ciel est ici, et il est disponible pour n'importe qui. Le paradis est ici, mais il nous faut des yeux pour le percevoir. C'est exactement ce que Krishna et le Bouddha et le Christ et Moïse ont promis dans leur lointain passé, et tous les grands maîtres du monde qui ont créé le ciel dans notre propre mental. Ils nous disent aussi que cela dépend de nous. S'ils peuvent le faire, vous le pouvez aussi, et si vous pouvez le faire, tout le monde peut le faire.

La vérité nous rendra libres, mais les mensonges nous gardent dans cette réalité. Je ne sais pas à quel moment les humains ont compris cela pour la première fois, mais c'est si simple que personne ne veut le comprendre. On veut quelque chose de plus compliqué que cela, parce que c'est ainsi que le conteur travaille. Si nous ne croyons pas aux mensonges, nous sommes déjà dans le processus de guérison. L'École Mystérique Chrétienne savait cela, les Égyptiens le savaient, et les Toltèques aussi, mais c'était difficile à traduire en paroles. Alors on créa des légendes, comme l'histoire d'Adam et Ève.

Et ceci me rappelle l'autre moitié de l'histoire d'Adam et Ève. Au Paradis, il y a un autre arbre, et c'est l'Arbre de Vie, ou l'Arbre de Vérité. La légende dit que quiconque mange le fruit de l'Arbre de Vérité, qui est la vérité, vivra à jamais au Paradis, parce que la vie est la vérité éternelle. Le fruit de l'Arbre de Vie est le message qui vient directement de la vie, ou de Dieu. La vie est la seule vérité ; c'est la force qui crée tout le temps. Quand vous voyez cette force en vous-même, et que vous mettez cette foi en cette force, vous êtes vraiment vivant.

Maintenant, nous pouvons comprendre ce que le Christ signifiait quand il disait : " Je suis la vie, et ce n'est que par moi que vous pouvez atteindre le ciel. " Il ne parlait pas de la personne " Jésus " ; il disait qu'il était l'Arbre de Vie. Ce qu'il essayait de dire, c'est : " Je suis l'Arbre de Vie. Quiconque mange mon fruit vivra avec moi dans le royaume des cieux. Le royaume des cieux est un royaume où chacun est roi. "

N'est-ce pas ce qui nous disons ici ? Vous êtes le roi dans votre propre réalité ; vous êtes responsable de votre propre rêve de vie. Jésus-Christ disait aussi : " Le royaume des cieux est comme une noce où vous êtes la jeune mariée, où la vérité, ou Dieu, est le jeune marié, et vous vivez dans une lune de miel éternelle. " N'est-ce pas beau ?

La vérité ne peut être expliquée avec des mots ; aussi, Jésus-Christ essaya d'utiliser un concept que tout le monde pouvait comprendre. Il compara la vérité dont nous avons parlé, à une lune de miel. Quand vous êtes marié à la vérité, vous vivez dans une éternelle lune de miel. Dans la lune de miel, tout dans votre vie se rapporte à l'amour. Quand on est amoureux, on voit tout avec les yeux de l'amour. Quand on fait l'amour tout le temps, tout est mystérieux et beau, et on peut saisir le ciel.

Maintenant, nous pouvons comprendre ce que Jésus-Christ signifiait quand il parlait de pardon, d'amour, de ciel. Il disait : " Laissez venir à moi les petits enfants, parce que ceux qui sont comme eux peuvent entrer dans le royaume des cieux. " Quand on est un enfant, avant que la connaissance ne vienne, c'est-à-dire avant de manger tous les mensonges, on est au ciel. Quand on tombe, c'est parce qu'on est innocent. Et quand on recouvre ce paradis, on redevient comme un enfant, mais il y a une différence importante : On n'est plus innocent ; on est sage. Cela confère une immunité ; on ne peut rechuter.

On peut dire aussi que vous devenez sage quand vous mangez enfin le fruit de l'Arbre de Vie. Manger le fruit de cet arbre, est symbolique de l'illumination. L'illumination, c'est quand vous devenez lumière, mais il n'y a pas de mots pour décrire cette expérience. C'est pourquoi nous devons utiliser la mythologie et notre imagination pour saisir ce qu'elle signifie. Pour connaître réellement ce dont il s'agit, nous devons en faire l'expérience, y être. La vérité est le " vous " véritable ; c'est votre intégrité. Personne ne peut vous guider à ce lieu. Il n'y a que vous qui puissiez vous y conduire.

Vous pouvez changer votre propre histoire, mais elle commence avec vous, le personnage principal de votre histoire. Vous pouvez passer du statut de messager de mensonges, de peur et de destruction, à celui de messager de vérité, d'amour et de création. Quand vous revenez à la vérité, la façon de vous exprimer dans la société est bien meilleure. Votre communication s'améliore. Votre création est plus forte et plus puissante. Dans toutes les directions, la vie telle que vous la connaissez, s'améliore.

Vous n'avez pas besoin de changer le monde ; vous devez vous changer vous-même. Et vous devez le faire à votre façon, parce que vous seul avez la possibilité de vous connaître vous-même. Il est évident que vous ne pouvez changer le monde, du moins pas encore, parce que le monde n'est pas prêt pour la vérité. Vous pouvez seulement vous changer vous-même, mais c'est une étape importante. En revenant à la vérité, vous faites avancer les autres.

Les portes du ciel sont ouvertes, et le paradis vous attend. Mais si vous n'y entrez pas, c'est parce que vous croyez que vous n'en êtes pas digne. Vous croyez que vous ne méritez pas de vivre dans un lieu de vérité, de joie et d'amour. C'est un mensonge, mais si vous le croyez, ce mensonge contrôle votre histoire, et vous ne pouvez pas franchir les portes du ciel.

La vérité n'est pas dans l'histoire. La vérité est dans le pouvoir qui crée l'histoire. Ce pouvoir est vie ; il est Dieu. Cela fait longtemps que j'ai découvert cela, et mon souhait, c'est que vous puissiez comprendre ce que je dis. Pour comprendre vraiment, il ne suffit pas que votre mental raisonnant dise : " Oh oui, c'est vrai, c'est logique. " Non, vous devez comprendre avec votre cœur. Je souhaite vraiment que vous fassiez entrer cela dans votre cœur, parce que cela peut changer votre vie entière. Ne me croyez pas avec votre tête. Centrez votre attention sur ce que vous sentez, et ce que vous percevez c'est votre propre intégrité qui vous parle. Ce qui est la vérité est la vérité, et une partie très puissante de vous-même peut reconnaître la vérité. Croyez votre cœur.

Votre vie deviendra un chef-d'œuvre quand le conteur vous dira enfin la vérité, et la seule vérité. Quand la voix de la connaissance devient la voix de l'intégrité, vous revenez à la vérité, vous retournez au ciel, vous revenez à l'amour, et le cycle est fini. Quand cela se produit, vous ne croyez plus votre conteur, ni le conteur de personne. C'est mon histoire, et vous n'êtes pas obligé de croire en mon histoire. C'est à vous de décider si vous y croyez ou non, mais c'est ainsi que je vois le monde.

Quand je perçus l'infini, je vis qu'il y a seulement un être vivant dans l'univers. Cet unique être vivant est Dieu, et parce que tout être, toute chose, est une manifestation de cet unique être vivant, chaque chose, chaque être, reviendra à cette source.

Il n'y a plus rien à craindre ; nous ne devons pas avoir peur de mourir. Il y a une seule force, et, quand on meurt, on revient au même endroit. Même si nous ne le voulons pas, même si nous résistons, nous reviendrons en ce lieu, parce qu'il n'y en a pas d'autre où aller. C'est la nouvelle la plus formidable pour chacun. Nous n'avons pas à craindre d'être condamnés quand nous mourrons. Au moment de notre mort, je reviens à Dieu, vous revenez à Dieu, toutes choses reviennent à Dieu. Et il ne s'agit pas ici d'être assez bon pour Dieu. Dieu ne se soucie pas que vous soyez assez bon. Dieu se contente de vous aimer.

Notre vie est une histoire ; notre vie est un rêve. Le royaume des cieux est dans notre mental, et c'est juste un choix de revenir à notre soi authentique, de mener notre vie dans l'amour et la vérité. Il n'y a pas de raison pour que notre vie soit contrôlée par la peur et les mensonges. Si nous recouvrons le contrôle de notre histoire, cela nous donne la liberté de créer notre vie le plus artistiquement que nous pouvons, comme artiste de l'esprit. Une fois que nous savons que chacun revient à Dieu, qui est vérité, il n'y a plus lieu de croire dans les mensonges. Les mensonges de notre histoire ne sont pas importants. Ce qui importe, c'est de jouir de notre temps dans cette réalité, de vivre heureux – tant que nous sommes vivants.

La question est : Qu'allez-vous faire avec votre histoire ? Mon choix est d'écrire mon histoire avec vérité et amour. Quel est le vôtre ?

Points à Méditer

- La voix de l'ange déchu est si forte que nous ne pouvons entendre la voix de notre esprit, de notre intégrité, de notre amour. Cette voix silencieuse est toujours là. Avant d'apprendre à parler, quand nous avions un ou deux ans, nous écoutions cette voix.

- Quand vous naissez, vous ne savez pas ce que vous êtes, mais votre corps sait ce qu'il est, et il sait quoi faire. C'est la connaissance silencieuse. Vous pouvez sentir la connaissance silencieuse chaque fois que vous respirez.

- Vous êtes un ange, et votre vie est votre message. Vous pouvez être un messager de mensonges, de peur, et de destruction, ou un messager de vérité, d'amour et de création. Mais vous ne pouvez délivrer mensonges et vérité en même temps.

- Le paradis est une histoire que nous pouvons créer quand nous nous abandonnons à la vie et que nous laissons la vie se manifester sans mensonges. Le paradis est ici, et il est à la portée de chacun, mais nous devons avoir des yeux pour le percevoir.

- Le fruit de l'Arbre de Vie est la vie ; c'est la vérité. La vie est la seule vérité ; c'est la force qui crée tout le temps. Quand vous voyez cette force en vous-même, et que vous avez confiance en cette force, vous êtes vraiment vivant.

- La vérité n'est pas dans l'histoire ? La vérité est dans le pouvoir qui crée l'histoire. La vérité est le " vous " véritable ; c'est votre propre intégrité, et personne ne peut vous conduire à ce lieu. Vous seul pouvez y aller.

- Quand la voix de la connaissance devient la voix de l'intégrité, vous revenez à la vérité, vous revenez à l'amour ; vous revenez au ciel, et vous vivez à nouveau dans le bonheur.

Prières

FERMEZ LES YEUX, OUVREZ VOTRE CŒUR, ET SENTEZ L'AMOUR qui est autour de vous. Je vous invite à vous joindre à moi dans une prière spéciale, pour faire l'expérience d'une communion avec notre Créateur.

Centrez votre attention sur vos poumons, comme si seuls vos poumons existaient. Inspirez profondément, et sentez l'air remplir vos poumons. Remarquez la connexion de l'amour entre l'air et vos poumons. Sentez le plaisir quand vos poumons se dilatent pour satisfaire au besoin le plus fondamental du corps humain – respirer. Inspirez une autre fois, et sentez à nouveau le plaisir.

Respirer simplement est suffisant pour que nous jouissions toujours de la vie. Sentez le plaisir d'être vivant, le plaisir de ressentir l'amour. …

Prière au Créateur

Aujourd'hui, Créateur, aide-moi à créer l'histoire de ma vie, aussi magnifiquement que tu crées l'univers entier.

Dès maintenant, aide-moi à recouvrer ma foi dans la vérité, dans la voix silencieuse de mon intégrité. Je te demande, Dieu, de manifester ton amour à travers moi, dans chaque mot que j'exprime, dans chaque action que j'entreprends. Aide-moi à faire de chaque activité dans ma vie un rituel d'amour et de joie. Fais que je me serve de mon amour pour créer la plus belle histoire au sujet de ta création.

Aujourd'hui, Dieu, mon cœur est plein de gratitude pour le don de la vie. Merci pour la conscience de ce que tu ne crées que la perfection, et parce que tu m'as créé, je crois en ma propre perfection.

Dieu, aide-moi à m'aimer inconditionnellement, pour que je puisse partager mon amour avec d'autres humains, avec toutes les formes de vie sur cette belle planète. Aide-moi à créer mon propre rêve de paradis, pour le bonheur éternel de l'humanité. Ainsi soit-il.

PRIÈRE POUR UN ANGE

Aujourd'hui, Créateur, aide-moi à me rappeler ma nature véritable, qui est amour et bonheur. Aide-moi à devenir ce que je suis vraiment, et à exprimer ce que je suis vraiment.

Dès maintenant, aide-moi à reconnaître chaque humain comme ton messager, porteur d'un message à délivrer. Aide-moi à te voir dans l'âme de chaque humain, derrière les masques, derrière les images que nous prétendons être. Aujourd'hui, aide-moi à délivrer le message de mon intégrité à cette partie de moi qui juge toujours. Aide-moi, mon Dieu, à abandonner tous mes jugements, à me débarrasser de tous les faux messages que je me délivre à moi-même, et à tous ceux qui m'entourent.

Aujourd'hui, aide-moi à recouvrer la conscience de ma propre création comme ange, et fais que je me serve de ma conscience pour délivrer ton message de vie, ton message de joie, ton message d'amour. Fais que j'exprime la beauté de mon esprit, la beauté de mon cœur, dans l'art suprême des humains : le rêve de ma vie. Ainsi soit-il.

Don Miguel Ruiz est un maître de l'école mystérique toltèque. Cela fait plus de deux décennies qu'il dispense la sagesse des anciens Toltèques à un petit groupe d'étudiants et d'apprentis, les guidant vers leur liberté personnelle. Aujourd'hui, il continue de faire connaître son mélange unique de sagesse ancienne et de conscience moderne, par des conférences, ateliers, et voyages à des sites sacrés dans le monde entier.

Pour avoir des informations au sujet des programmes actuels offerts par don Miguel Ruiz et ses apprentis, vous pouvez visiter son site web :

www.miguelruiz.com

Janet Mills est directrice de la maison d'éditions Amber-Allen. Elle est l'auteur de *The Power of a Woman* et a collaboré avec Deepak Chopra pour le best seller *The Seven Spiritual Laws of Success*. La mission de sa vie, est de publier des livres d'une beauté, d'une intégrité, et d'une sagesse pérennes, et d'inspirer la réalisation des rêves les plus chers.

Achevé d'imprimer
sur les presses de
l'Imprimerie Graphique de l'Ouest
Le Poiré-sur-Vie (Vendée)
Dépôt Légal : Octobre 2004
N° d'impression : 3830